Våra minnen och erfarenheter som pionjärer på Fridhems Barnträdgård och Sophiaskolan

Eva och Stefan Breitholtz

Förlag: BoD – Books on Demand, Stockholm, Sverige
Tryck: BoD – Books on Demand, Norderstedt, Tyskland

ISBN ÄR 978-91-7969-106-6

Kära läsare,

du håller nu ett litet häfte i din hand. Kanske du undrar över hur det kom sig att det i den lilla skånebyn Rörum finns en waldorfförskola, Fridhems Barnträdgård och en waldorfskola, Sophiaskolan. Detta är dock inte någon jubileumsskrift eller historisk redogörelse över det som hänt sedan 1988 och framåt. Vi tänker oss att du sitter hemma hos oss med en kopp rykande te och vi berättar för dig om det vi varit med om. Eftersom det är du, kommer vi i största förtroende berätta om våra liv från studenten och framåt. Hur våra vägar ledde oss hit. Liksom alla äldre människor längtar vi efter att berätta för någon som vill lyssna på det vi upplevt och tycker är viktigt.

Vi börjar med Evas berättelse för det var hon som kom först till Fridhem. Stefan fortsätter med att berätta om skolan. Även fritids har en historia. Vi vill gärna skildra vad som hände oss och kan bara ge dig vår personliga bild och våra egna erfarenheter. Det som kan vara till nytta är kanske de förklaringar till fenomen och skeenden som Stefan ger ur ett antroposofiskt perspektiv. De lagbundenheter som är inskrivna i all utveckling. Sjuårsperioderna. Vi har också med förslag på hur du praktiskt kan öva upp ditt lyssnade. En förbisedd förmåga idag men mycket verksam i mötet med andra. En användbar metod får du också med. Läs om hur du kan öva att bli uppmärksam på hur du reagerar i tankar, känslor och handlingar. Kanske vill du förändra något? Göra "eventövningar" tillsammans med andra.

Till sist berättar vi om vad vi gör idag här i Baskemölla. Våra vänner som alla delar vårt intresse för antroposofi och träffas regelbundet, har de sista åren fått nya kunskaper om den visdom som finns i Sophias väsen och Choreocosmos-eurytmi. Bara ett sista ord innan du börjar läsa:

Alldeles innan vi startade Fridhems Barnstuga, sa en erfaren pedagog från Stockholm, som var på besök: "Ni skall veta att när ni som pionjärer skapar något nytt kommer ni förr eller senare att hamna i "centrifugen". Och det gjorde vi...............

Evas personliga minnen och upplevelser från tiden på Fridhems Barnträdgård

Hösten 1995

På bilden ovan håller jag i krattan. Barnen har nu egna barn.

Det finns redan en berättelse skriven om Fridhem. Hur det växer upp en waldorfförskola ur myllan på en skånegård. Vi skrev den som pensionärer. Nu tio år senare manar något på. Att ge en större bild. Den om hur en lång kedja av händelser och möten ledde oss till vår gemensamma pionjäruppgift i Rörum. De år vi samlade erfarenheter som alla skulle vara av betydelse även om man trodde det var ett villospår. Hur den röda tråden i livet skymtar fram om man är beredd att då och då släppa kontrollen och följa nya stigar.

Här börjar min väg.

Jag tog studentexamen -67 i den då blomstrande förorten Vällingby. Jag var helt klar över att jag skulle bli barnpsykolog. Min studentkärra hade en sandlåda med hink och spade. Där satt jag. Som sommarjobb hade jag flera gånger arbetat med handikappade barn. Särskilt ett av barnen byggde ett bo i mitt hjärta. Han var mycket begränsad av sitt cp-handikapp men hans pigga ögon talade. Han utstrålade verkligen tillit trots att han bodde på institution pga. sitt handikapp. En hjärtlös men vanlig lösning då. Jag fick en stark längtan att lära mig förstå barnets inre väsen. Vem är du och hur kan jag hjälpa dig att utvecklas? Jag ville hitta nycklar till barnet. Det var den första biten av min röda tråd som visade min väg.

Jag studerade först sociologi i Stockholm och var då uppslukad av studierna. En ganska blyg student som bodde hemma. En vårdag vågade jag mig till kårhuset. Det var låst och på dörren satt en lapp om att det var pga. ockupation! Utanför dörren låg högar av utslängda stolar. Jag var i händelsernas centrum, studenternas 68-revolution hade kommit till Sverige, och jag fattade ingenting. Senare fortsatte jag studierna på psykologlinjen i Göteborg.

Där pågick en uppvaknande miljörörelse. Jag råkade slinka in på en utställning som handlade om riskerna med Atomkraft. Jag blev helt förkrossad och tagen och gick med i den lokala miljögruppen. Där fortsatte tråden. Konstigt nog. En virvel av aktivitet, demonstrationer och fantastisk gemenskap. Vi hade samma mål och gav allt. Jag hade tid att engagera mig då mina studier var roliga och meningsfulla då de handlade om människan. Mer av förståelse än råplugg av fakta. Nu var jag mitt i händelsernas centrum igen och började fatta ett och annat. Göteborgs miljögrupp tog initiativ till den första Barsebäcksmarschen 1976. Vi arbetade febrilt med alla kontakter och bokade t.o.m. tågvagnar för demonstranterna. Vi visste dock inte hur många som skulle ansluta. När vi på centralstationen såg den stora strömmen av människor välla fram, lastade med plakat, banderoller och vimplar, blev vi helt tagna. Resten är historia.

Jag hade nu fått uppleva stark solidaritet och hur ett gemensamt och angeläget mål tar fram det bästa hos oss. Studierna ledde fram till en psykologexamen som Biträdande psykolog. Men innan dess skulle jag ha ett halvårs praktik. Jag fick en praktiktplats på Barnpsyk i Jönköping. Nu var det allvar. Barn fick leka och rita och jag försökte lyssna och förstå. Lärde mig testa för hjärnskador och begåvning. Det var aldrig barnen det var "fel" på. Det var den totala bristen på inlevelse och lyssnande från vuxenvärlden. Hemma och i skolan. Min insats blev att föra barnens talan med alla medel jag hade dvs, en utredning och att försöka berätta vilken förståelse och hjälp barnet behövde. Jag hade det inte lätt då mina känslor fick mig att vilja ta hand om barnen själv.

Mina kollegor var frustrerade över att deras människokunskap var så naturvetenskaplig. De tyckte det var svårt att vara till hjälp när de själva saknade en djupare syn på livet. Det fanns två socionomer som var " troende" och man såg att de hade lättare att prata om de existensiella frågor som människor i kris hade.

Jag var en tid med i grupp 8 i stan och I ljuset från den stora golvlampans röda sken vaknade jag upp i kvinnors verklighet genom tiderna. Mitt mod stärktes nu med försäljning av Kvinnobulletinen på gatorna och offentliga debatter. Den nyvaknande feminismen och den då snäva synen på manligt och kvinnligt hade inga bra lösningar. Skapade bara konflikter. Kunde det finnas en annan människosyn? Jag fann den senare i livet när jag mötte waldorfpedagogiken. Där betonades istället det faderliga och det moderliga. Två principer och förhållningssätt som kan vara olika framträdande hos både män och kvinnor. Krafter som kompletterar varandra och som barnet behöver möta. I rätt ålder.

Jag återvände till Göteborg och fortsatte studierna för att bli legitimerad psykolog. Det visade sig efter en hel del pluggande att kurserna inte gav några användbara redskap. Terapiutbildning fanns inte på Göteborgs universitet då. Jag var trött på de splittrade beskrivningarna på vad en människa är. En ny bok och en ny teori dök upp. Ofta från USA. När en kurs i kunskapsteori tornade upp sig fick jag nog. Jag minns att jag en dag slängde böckerna i golvet, ringde mamma! och sa att nu skippar jag detta.

Jag kom fram till att om jag skulle kunna göra något för barnen innan de hamnade i svårigheter så var det att möta dem på förskolan. Att förebygga istället för att plåstra om. Jag gick en ettårig förskollärarutbildning för arbetslösa akademiker som hade beteendevetenskapliga förkunskaper. En rolig och utmanande tid för våra lärare som till slut gav oss fria tyglar och även anställde en känd kompositör till vår musikundervisning. Jag gjorde min praktik på Bräcke Östergård. Ett centrum för habilitering för barn med främst rörelsehinder av olika slag. Jag mötte nu stor kunskap och värme.

Fick min första tjänst på en liten förskola i en villa i Mölndal. Efter ett år kroknade jag av de oregelbundna arbetstiderna. Mina vänner i miljörörelsen talade ständigt om att flytta ut till landet. Gröna vågen drog fram. Jag surfade med och en tid i Bohuslän med samboende i min väns skogstorp med odling följde. Jag arbetade på en nyöppnad liten förskola i Dingle. Jag trivdes med mina få kollegor. Men efter en tid kröp meningslösheten fram. Varför sitter jag här och klistrar silkespapper på ballonger? Då frågar en liten grabb som längtade hem: ” Varför ska vi göra det här?” Jag tänkte mig inte för utan från mitt hjärta kom: ” För att vi ska ha nåt att göra tills din mamma och pappa kommer”. Det lilla samtalet väckte mig och jag insåg att jag inte skulle stanna längre. På den tiden var det bara att titta i Platsjournalen där ett smörgåsbord för förskollärare var uppdukat.

Ett passande arbete i Skövde på det nya Kärnsjukhuset fanns. Jag skulle ha nytta av mina erfarenheter och psykologin. På Barnhabiliteringen sökte man en förskollärare till en liten barngrupp med barn som var inne på behandling och utprovning av nya hjälpmedel. Nu mötte jag cp-barn igen och kände mig hemma. Hade en ung duktig barnskötare till hjälp. Det var en verksamhet under uppbyggnad. De som startat den var två enastående sjukgymnaster som under år letat upp de undangömda barnen med cp-skador och ryggmärgsbrock. Vi samarbetade med alla olika yrkesroller som fanns hos oss runt barnen och deras föräldrar. Det var en lärorik tid och vi arbetade som ett team med barnen. Jag tyckte mycket om att vi byggde upp något nytt tillsammans och allas ideer togs tillvara. Jag fick åka på en längre kurs till Bräcke Östergård där jag förut praktiserat. Jag fick sedan en ny tjänst som förskolekonsulent. Uppgiften var att hjälpa till att integrera barnen på vanliga förskolor i flera kommuner och ställa upp med råd och stöd.

Men min dröm om landet hade inte slocknat. Jag satte in en annons i tidningen Land och sökte mindre stuga att hyra. Ett lass med brev kom med olika skickligt förtäckta anbud om äktenskap och delad stuga. Jag flyttade till en trädgårdsmästarbostad på gården Halnatorp utanför Töreboda, med min hund och utan sambo. Ägarfamiljen bodde i det ståtliga huset bredvid. Jag tog körkort och lånade mammas folka. Det var en fin tid. Men något skavde igen. Jag blev oroad av tanken på att det här nu var mitt liv. En dag när jag hade åkt flera mil för att visa en förskollärare hur man justerade en specialsax tog det stopp. Det här var inte min uppgift, den kunde vem som helst göra. Jag var beredd att släppa. Då slänger ödet fram ett lockbete, för att jag ska hitta min röda tråd igen. Jag hade inte glömt miljörörelsen. Miljötidningen kom regelbundet.

Bild på Lindsbergs kursgård och den enorma eken.

En dag har tidningen en stor bild på framsidan. Det är en stor port på ett lite flagnande enormt stenhus. Framför står en cykel av äldre modell. Man bjuder in miljövänner till en påskvecka på förbundets nyinköpta kursgård Lindsberg i Falun. Mat och husrum mot arbetsinsats. Jag visste att jag bara måste åka dit. Det skulle bli porten till ett helt annorlunda liv. Påskveckan där ledde till att jag beslutade att säga upp mig och flytta dit 32 år gammal. Jag kände att nu har jag gjort vad samhället krävde av mig när det gäller utbildning, arbete och ett ordnat liv.

Nu var det äntligen dags att leva ett fritt och helt oförutsägbart liv. Jag kände att här skulle jag vara. Mitt i händelsernas centrum igen. På Lindsberg fanns ett tryckeri som tryckte informationsmaterial och tidning under kärnkrafts-debatten. Jag lärde mig nu laga vegetarisk mat, odla, olika hantverk och djur-skösel. Jag hade tagit med får från Halnatorp och köpt en ko. Mjölkade och gjorde smör och ost. Miljöfrågor diskuterades. Vi reparerade och byggde väggfasta sängar. Vi sjöng visor och dansade gamla långdanser och folk-danser. Mediterade TM. Olika kurser bokade in sig och vi stod för mat och hus-rum. Vi fick lön för detta, per deltagare och annars gällde det att hitta egna inkomster. Jag lärde mig att våga göra det jag inte kunde och att möta många olika slags människor. Att organisera och mycket mycket annat. Jag lade märke till att barn som kom på besök och hade stökig bakgrund och oro i kroppen blev lugna av att vara bland djur och natur. Det var lite kollektivskav mellan oss som bodde där, med ont om pengar. Man surade ett tag. Men så fort en kurs skulle dra igång arbetade vi mycket bra tillsammans och än en gång fick jag uppleva arbetsglädjen i team för ett gemensamt mål. Då var vi bara bäst och flera kursdeltagare hade nog velat stanna kvar.

Så en sommar kom Stefan dit på odlingskurs. I köket bland rykande grytor och testunder knöts våra röda trådar samman. Vi anade, men visste det inte ännu. I augusti 1980 var omröstningen om kärnkraft och vår tryckare var helt ut-mattad. Jag var på Lindsberg i två år men sen tog orken slut. För mycket män-niskor. Kursdeltagare och sen kollektivboende. Ingen vila. Jag sålde min lilla rödkullako och kalv och tog en paus i ett gårsdshus i Falun. Vad skulle jag nu göra?

Jag mindes min röda tråd som ju var att arbeta med barn och att hitta nycklarna till dem. Jag kände till waldorfpedagogiken och visste att där fanns både djup och meningsfulla arbetsuppgifter. Efter min lite försenade ungdomstid på Lindsberg var det dags att bruka allvar. Nu skulle jag ta reda lite mer om waldorf och antroposofi.

Jag besökte biblioteket i Falun. En obetydlig sak att berätta om? Tvärtom. Där beseglades mitt öde. Biblotikarien, som jag kände, tyckte Steiners böcker i antroposofi var för svåra att börja med. Hon gav mig en bunt häften som hette ”På Väg” om waldorfpedagogik mm. Jag läste och läste och grät. Här fanns allt det jag letat efter alla år. Även en andlig människosyn. En hel nyckelknippa till barnen. Den värme, den insikt och det respektfulla bemötandet av barnet som utsrålades från texten grep mitt hjärta. Särskilt det som waldorfförskolläraren Anne Widmark skrev.

I slutet av det senaste häftet fanns en annons om ledig tjänst i Järna första feb 1982. Det läkepedagogiska institutet Mora Park sökte en vikarie i vården under våren. Van vid att tanke och handling är ett om det kändes rätt skickade jag in en ansökan. Jag hade naturligtvis enorma förväntningar. En mycket vacker miljö grep mig och all kvalité på inredning och leksaker runt barnen verkade välgörande även på mig. Jag hade tillsammans med en annan vårdare ansvar för tre av barnen som var i 7–9 årsåldern med varierande psykiska svårigheter och inte kunde bo hemma. Jag fick vara med då den antroposofiske läkaren Dr. Osika som ansvarade för barnes utveckling och hälsa delade med sig av sin syn på barnen. Det var höjdpunkterna. Jag hade dock behövt mer handledning och kunskap. Jag fick vara med om så mycket men saknade kunskaper. Det var bara att omvärdera vad jag redan lärt mig. Jag erbjöds fortbildning där, men på fritiden och det orkade jag inte. Arbetstiderna var gruvligt långa för barnens skull. Bland personalen fanns medarbetare jag lärde känna. Bla. Catharina Nylander som då hade en liten ulltottspojke och även andra som hade ett oändligt tålamod med barnen. Några av dem skulle senare i livet dyka upp i Rörum. Vår gemensamma ödesväv hade börjat. Oss ovetande. Jag erbjöds fast tjänst men tackade nej.

Under sommaren skulle jag fundera över framtiden. I juli började jag på Skillebyholms 7-veckorskurs i Näringslära. En helt underbar tid började. Praktik i växthus, odlingar och kompostjobb. Förädling av grönsaker och torkning. Spännande föredrag och förstås konstnärligt övande av olika slag. Nu öppnades en dörr om hur natur, växter och djur samverkar med planetkrafter och vad som sker med näringen i vår kropp. mm. Nu sög jag i mig denna helhetssyn på vår tillvaro. Jag fick möta antroposofin genom att praktiskt uppleva den. Särskilt levande berättade Thomas Luthi. Nu kunde jag söka vidare i lämpliga böcker. När kursen var slut ville jag vara kvar. Allt som jag vårdat skulle ju snart skördas och framförallt ätas. Åsa arbetade i köket. Vi blev vänner och det visade sig att hon var syster till vår miljökämpe och tryckare på Lindsberg. Jag fick ta över hennes rum och vikariera i köket när hon nu skulle vara tjänstledig. Betalningen var mat och husrum och en anspråkslös praktiklön.

Min arbetskamrat var en tålmodig finsk ung man, Arto, som varsamt lärde mig matlagning i storhusåll. Nya utmaningar igen. En så inspirerande och rolig tid. Vi serverade alla dagens måltider till 35 entusiastiska elever. När jag hade en stund över fick jag smyga in och lyssna på deras föredrag i salen. Jag kan inte heller här tillåta mig att fastna med den berättelsen.

Det var den tiden då allt utvecklades och initiativ togs på många håll i landet. Bara en tidsmarkör. Vi lagade mat till de konstnärer som i en atelie i närheten målade de stora bilderna till utställningen ”Trädgård till nöje och nytta” på Liljevalchs maj-sept 1983. Ledda och inspirerade av konstnären Arne Klingborg.

En dag fick jag ett telefonsamtal från Skåne. Mina fyra vänner från vårt gamla Lindsbergskollektiv hade nu efter ihärdigt letande hittat ett ställe där vi kunde fortsättta vårt kollektiv med odling och djur. Jag hade varit med på de tidigare resorna då jag bodde i Falun. Miljöförbundet hade satt ner foten då våra djur blev alltfler. Det skulle vara en kursgård för seriösa miljöfrågor. Nu hade de andra hittat Fridhem i Skåne. Jag fick välja. Kom hit nu och var med på köpet eller inte, sa de. Jag ville pröva annars skulle jag kanske ångra mig livet ut. Fick lite handledning i de första stegen i odling av läraren Thomas och en bok i antroposofi, ”Grunddragen av vetenskapen om det fördolda” av eleverna och tog tåget ner till Skåne.Jag hade aldrig varit på Österlen. Det var en helt annan värld. Så förtrollande. Ödet om man så vill hade nu fört mig hit. Gården var nu till salu och vi köpte den gemensamt i mars 1983. Fortsättningen finns i den lite bearbetade äldre texten om Fridhem.

För några år sedan mötte jag Per Jönsson som sålde gården till oss. Jag frågade varför han sålt till just oss, ett kollektiv. Han svarade att han hade fått många bud men vi var de enda som ville odla marken. Mina odlingsplaner hade betydelse för köpet. Och därmed för Fridhems framtid som ännu väntade.

Berättelsen om Fridhem som vi skrev 2014.

För länge sedan, ja mer än hundra år, byggdes gården Fridhem om med nya hus, den var ursprungligen ett hemman från 1671. Då var det goda tider för bonden P. Jönsson. Den kallades en riktig mönsterfarm... ”som därigenom berett arbetsförtjänster åt en hel stab av arbetare, som vinter och sommar här hava jämt arbete”....”Särskilt utmärker sig det nya boningshuset för soliditet, elegans och praktisk inredning” (tidningsartikel juli-1903). Hämtat från boken: Rörum och Vik genom tiderna (1989).

Rörum. (Fridhem.)

Tjänstefolket hade en egen trädgård på andra sidan vägen. Till nytta och nöje. Det som är kvar är en gammal stentrappa som går mellan buskar och snår upp till kullen vid brevlådorna. Det ursprungliga mindre korsvirkeshuset flyttades en bit upp på vägen. Där bor Gunnel Diab vars föräldrar ägde Fridhem sedan 1965. Hennes bror Per Jönsson blev senare ägare och flyttade till Fridhem för att ta över driften. I oktober 1981 utbröt eldsvåda på Fridhem som helt ödelade uthusen på den stora fyrlängade gården. Boningslängan klarade sig och även den ståtliga almen, vårdträdet. Något tilltufsad i kronan.

På bilden ses elever från Sophiaskolan.

Det 150 år gamla trädet fick tyvärr almsjukan och sågades ner sept-99. Dagarna innan den skulle sågas ner inbjöds de som klättrat där som sexåringar, att ta farväl av almen. Resterna av den väldiga stammen låg några år i Sophiaskolans äppelodling för en sista tid med barnalekar. På stubben byggde Stefan ett lektorn och de väldiga grenarna blev till balansgång och klätterlek. Ett nytt vårdträd, en lönn planterades med hjälp av Rebecka Vik. Per köpte en gård i närheten. Egendomen delades upp och boningshuset med en större tomt 1,5 ha och två lador blev till salu.

I Rörum fanns då skola och lekskola i nuvarande Sophiaskolan och lärarbostäder bredvid. Det kom varubuss regelbundet till byn, det fanns en liten biblioteksfilial i gamla Folkskolan. Flera hus i byn stod tomma. Nyinflyttade antogs vara konstnärer eller äppelodlare. Något annat skäl att flytta hit kunde man inte tänka sig. Jag hade nyligen arbetat på Skillebyholm, och drog igång odling i stor skala på arrenderad mark där nu hus byggts längs nya Skolevången. Vår flit och trägna arbete i odlingen sopade bort fördomar om oss och vi blev accepterade. Stefan kom ner på sommaren för att hjälpa till med odlingarna när jag sommarjobbade i hemtjänsten. Föga anade jag vad det skulle innebära. Efter att ha friat till varandra på Fridhems verandatrappa med soppskålar i knät gifte vi oss i november. Nu hade min medvandrare kommit och våra ödestrådar knöts ihop, även med Fridhem.

Fridhem 1983. Fönstret blev sedan ny dörr och källaringången fylldes igen.

Men att leva i kollektiv blev till slut för påfrestande. Vi blev slutligen två familjer kvar som ägde halva huset var. Vi slet med reparationer, vedeldning, får, get och odlingar, tillfälliga ströjobb och vikariat. Stefan byggde kök, badrum, satte upp vindskivor, kalkade väggar. De svarta fönstren målades blå och den svarta grunden blev ljust grå. På gårdsplanen fanns då bara de gamla husgrunderna med ett tunt lager vildgräs och en stor kullerstensgård runt almen. Vi anlade gräsmatta och planterade träd, blommor och bärbuskar. Då våra husgrannar av olika anledningar inte kunde hjälpa till så mycket föll det mesta av arbetet på Stefan. Gamla element läckte plötsligt, vi lagade med tuggummi och tändstickor i väntan på rörmokare.

Vårt blivande kök överraskande dåligt (nu Blåsippan)

Golvslipning (nu Vitsippan)

Byskolan var i fara. Brist på skolbarn i framtiden! Trots fackeltåg och protester lades byskolan ner då vårt barn var ett år. Vi lärde snart känna pensionerat "waldorffolk" som bodde i trakten. I gamla gästgiveriet i Rörum, Marianne Mellquist som varit fritidspedagog på Kristofferskolan och hennes man Kurre som hade varit vaktmästare där. Deras vuxna barn hade sommarhus i Rörum. Vi hade ju arbetat tillsammans på Mora Park. Vilket sammanträffande! Vilken slump?? I Kivik, Mellby Atelier, lärde vi känna Lisa Staeves och Karl-Gustav Berglund som satte oss in i antroposofi vid brasan i sitt hem.

Vi var också med i en studiegrupp som hölls av waldorflärarna Holger och Karin Modin, i deras hem i Skräddaröd by. Hon var den första waldorfläraren på Kristofferskolan. En slump till? Att dessa människor fanns just här runt oss visste jag inte när jag flyttade ner till utkanten av Skåne. Ödet hade sannerligen förberett marken för oss.

Stefan, lärare och ekonom, och jag, förskollärare, bitr. psykolog, kände så småningom att vi nu måste ta tag i vår röda tråd att arbeta med barn och satsa på "waldorf" på allvar. Vi ville att vårt barn skulle få leka sig igenom barnaåren med waldorfpedagogiken som inspiration. Vi kontaktade Kalmar waldorfskola, då båda våra släkter kom från Småland, och togs emot med öppna armar och tid för besök bestämdes. Där skulle vi få arbete och utbildning, där fanns lekskola o skola.

När vi berättade för Karin Modin om vårt beslut att flytta utbrast hon: Det var det dummaste jag har hört! Vi våndades verkligen över att behöva lämna det underbara Österlen och Fridhem. Vi lät dock kaos råda under en tid av ovisshet. Läste "Tillitens bön" av Steiner och lämnade vårt öde att visa oss vägen. Och det gjorde det mycket tydligt.

Under den stora almen hade vi en liten sandhög och där lekte vårt barn på dagarna. En vårvinterdag stod jag där ensam och tittade och såg plötsligt, som i en vaken dröm, framför mig hur det springer barn och leker under almen. Nu kände och visste jag att vi skulle stanna på Fridhem och starta lekskola här i huset. Och Stefan sa, javisst! Efter olika turer och vånda köpte vi ut våra grannar, efter att först erbjudit dem att ta över huset. Vi ville att de skulle fatta ett eget beslut och inte köra över dem med våra planer. Men det visade sig att de inte ville ta på sig allt arbete som skulle krävas och de flyttade till Nyhem.

Huset och lånen var våra och ekonomin fick väl ordna sig. Stefan arbetade som kypare på golfrestaurangen och senare som SFI-lärare för de chilenska flyktingar som fanns här då. Han hade ju arbetat i Spanien och kunde språket. Jag arbetade som personlig assistent på Backstugans dagis i Simrishamn. Karin hjälpte oss med sina kontakter från Stockholm och Anne Widmark, waldorf-pedagog som startat deltidsutbildning av waldorfförskollärare, kom och höll ett offentligt föredrag i maj- 87 i Simrishamn.

Nu fick jag möta den människa vars artiklar i På Väg berört mig så djupt. Hon var mycket glad över att vi båda skulle arbeta tillsammans.

Marken var beredd genom att föräldrar/lärare hade gått på kurs och studium hos pensionärerna Karin och Holger en längre tid. De hade önskat en lekskola men ingen av dem hade tagit något initiativ. Ystad Allehanda kom hem till oss och fotade och skrev en artikel om planerna på en waldorfförskola. Marianne Mellquist skulle hjälpa oss. På sitt mycket omedelbara och spontana sätt sa hon att jag inte skulle oroa mig för allt som skulle göras. Hon hade alla leksaker jag behövde. Det fattades bara ett par flöjter! En spontan överdrift.

Anne besökte även Fridhem och tyckte mycket om att vi skulle arbeta där båda två. Den Faderliga och den Moderliga principen var alltid hennes tema. Hon erbjöd mig fortbildning på den 7-åriga deltidsskursen till waldorfförskollärare i Norrköping på Ståthöga waldorfskola. Den började med en vecka sommaren-87 och 2 helger om året. Som en god fe svängde hon sitt trollspö och gav oss stöd, inspiration, kunskaper och intresse genom åren. Liksom hennes man Sverker, jurist som hjälpte oss med avtal och stadgar.

Tillfälligheter eller... Socialchefens dotter Emma-Lovisa gick på Backstugans förskola där jag arbetat. Han kände nu till mig då vi ansökte om att få öppna lekskola. Flickan blev senare ett av barnen i den första gruppen. Man skall alltid lägga märke till dessa små tillfälligheter, för de är något annat. De är små kiselstenar som blinkar att vi är på rätt väg och får hjälp. Det fanns även politiker som inte var intresserade av pedagogiken men av enskilda initiativ.

Med den starka visionen jag bar i mitt hjärta kunde inga käppar hindra hjulet att snurra på. Närhelst något såg mörkt ut läste vi ”Tillitens bön.” Naturligtvis blev vi prövade, men det tillhör en del av uppgiften, vet vi nu. Jag praktiserade en tid under hösten på Waldorflekskolan ”Wärsta gård” i Stockholm och in-andades waldorfpedagogik av bästa kvalité. Skeptiker trodde inte att det skul-le gå när vi förklarade hur vi tänkte. LEKSKOLA PÅ LANDET! INTE ÖPPET TILL 7 PÅ KVÄLLEN! BARA ÄTA GRÖNSAKER!

Vi kallades till ett möte med politikerna, de ville höra mer om vår förskola och se vilka vi var. Har aldrig varit så nervös och rädd. Ella Sjölin förstod vad vi ville ge barnen av lek och av att vara med vuxna som sysslar med ”riktigt arbete - som på landet förr” sa hon. Jag tittade på hennes glada ansikte hela tiden. Det gjordes även en inspektion i vår stora vackra, men tomma ”lokal”, nuvarande Blåsippan. Ulf P. hade vi träffat då vi köpte får. Hans dotter Emelie kom att bli ett bland barnen i den första lekskolegruppen. När vi ännu levde i ovisshet om vi skulle få tillstånd eller ej, utbrast Ulf: ”Om det inte blev nåt skulle han driva sina får genom stan i protest!”

Men kommunen som då hade ont om dagisplatser gav vår Stiftelse, paret Modin, Marianne, Stefan och jag, tillstånd. De första föräldraledamöterna blev Catharina Retsler och Marie-Louise Koch. Vi skrev avtal med kommunen om vad som skulle gälla. De bekostade anläggning av infiltrationsbädd och gav startbidrag. På den tiden rann allt avlopp ut i bäcken bakom huset och pas-serade bara ett litet galler. Villkoret för att få starta var att det blev redan i januari -88 och att det var minst 10 barn som skulle börja. Vi hade tänkt börja till hösten för att ha tid att ordna allt och vårt barn skulle ha fyllt 4 år.

.

Men kommunen hade bråttom. Mina ”dagbarn”, som jag hade då, blev grun-den till första gruppen.

Bland de första barnen fanns vår son, Lykke J, dotter till Per Jönssons, som ägt gården, Emelie P, Emma L, Peter H, Isabelle K, Kristin G, Emma-Lovisa G, Ida O. och Mikael A.

Karin, Eva, Holger, Marianne april 1987. Från artikel i YA. Det första steget ut i världen med våra planer på waldorflekskola i huset.

Sommaren och hösten -88

Stefan och jag slet dygnet runt hela hösten, med målning och allt, allt praktiskt som måste göras. Min mamma var ett stort entusiastiskt stöd. Hon kände en smålandssnickare som gjorde alla bord och bänkar, körde ner och satte ihop.

Vi fick hjälp av kunniga, Stefan Blomkvist, som hade laserat väggarna med vackra sagomotiv på Mora Park när jag var där. Hans familj brukade bo i Eva-Lotta Mellquists sommarhus. Han laserade och lärde oss. Stora salen målades i lager, på lager, på lager. Om ni tittar bakom elementen i salen kan ni se rester av den dystra gamla gröna färgen. Vi hittade ett stort klädskåp på vinden som vi monterade ner, laserade och satte upp i salen. Vi möblerade med det vi hade, sydde och färgade gardiner. Det stora huset värmde vi upp med ved, som vi kapade och klöv, och med solfångare på taket. Österlens första vattenburna. Vi hade får, kaniner, höns, myskankor, odlingar och ett litet växthus för lekskolans barn. Vi skötte hela lekskolan själva då den startade 11 januari 1988. Arbetade med barnen till kl.16.00 och sedan allt annat praktiskt, inköp, ekonomi och bokföring. Waldorfpedagogiken var då okänd här och att föräldrar skulle hjälpa till med det praktiska var inte vanligt. Det fanns ju bara kommunala daghem och dagmammor. Så småningom blev det självklart att städa och måla, tvätta... Att vi arbetade tillsammans skapade gemenskap och barnen mådde bra av de vuxnas engagemang och omsorg om deras lekskola. Så även vi. Det är ett speciellt arbete att bygga upp en barngrupp och att visa vad det går ut på. Stefan och jag var tacksamma över att beslut och handling

Familjen hämtar sig efter första terminen med lekskola i huset.

var ett och att vi kände varandra så väl. Vi delade visioner. Och även stress, trötthet och förtvivlan utan att det brast. Stefan var kock och höll i ekonomin. Jag hade hand om barnen och allt som hör till en lekskola. Vi hade så roligt och allt var en virvel av möjligheter och entusiasm. Men vår son undrade vem den där " Kommunen" var som vi alltid pratade om.

De första föräldrarna hade stort mod som vågade välja det annorlunda och vi byggde upp rutiner med arbetshelger mm. Det var nytt och efter första lördagen då vi arbetat tillsammans med att sätta upp plank runt lekgården sa en förälder till Stefan: "Nu när jag har varit här och hjälpt dig, kommer väl du hem till mig och hjälper till". Vi hade föräldramöten och mycket fick förklaras och blev förstått. Annat kanske inte. Till slut växer en kultur fram bland barnen i lek och att lära sig livet i lekskolan och även hos föräldrarna.

Det var inte så många kontroller och regler för allt som nu. Vi hade stor frihet. Allt gjordes för hand i köket. Ingen diskmaskin, inte ens en elvisp. Barnen skulle inte stressas av oväsen från maskiner. Det var, och är välgörande för barn att uppleva vad vi vuxna gör med våra händer. Inspirerar till lek. Ingen brådska fanns då vi bara var 10 barn och två vuxna som skulle ha mat. Barnen kunde hjälpa till i godan ro. De första barnen var inte heller vana vid vegetarisk mat så köksarbetet gjorde dom intresserade att smaka. Ingen specialkost.

Senare när Sophiaskolan startat med 10 barn lagade Lisa Nyström, som då tagit över köket efter Stefan, mat till skolbarnen en gång i veckan. De andra dagarna turades föräldrarna om att lämna mat på morgonen. Det hände att föräldrar glömde, då ringde Stefan och vi fick laga så det skulle räcka till skolbarnen.

I bygden fanns en otrolig variation av fördomar. En praktikant som kom bad om ursäkt för att hon inte hade några ullsockor. Man trodde också att barnen satt på bordet och åt med fingrarna, berättade hon.

Lekbåten fick vi billigt av en fiskare. Han tyckte den bara låg och skräpade. Vi skötte om den och här tjäras den på arbetsdagen. Senare visade sig att det var den äldsta och bäst bevarade vrakekan på Österlen Så man hämtade den och gav oss en annan båt. Ekan ligger nu i Vitemölla hamn som ett minnesmärke.

Men intresserade förskollärare fanns. Det kom studiebesök och jag blev inbjuden till kommunens förskolor för att berätta. Det gällde att få fram waldorfpedagogikens grund och människosyn och inte bara visa hemmagjorda leksaker. Den bygger faktiskt på att vi lever upprepade jordeliv. Barnen bör då mötas med största respekt. De har en egen livsväg att gå och behöver få utvecklas i ro utan att överhopas av vuxnas problem. Eller vuxna som inte arbetar med en inre skolning för att bearbeta egna brister. Jag var tydlig med den människosynen och en del förräldrar kände sig trygga av hur jag såg på deras barn. Andra brydde sig inte men tyckte om miljön. Jag ville vara öppen från första början. Då kan föräldrar fatta sina beslut i klart ljus. Och jag ville inte dölja vad som bar mig genom dagarna i mitt arbete.

Hönshus byggs vid växthuset. Korten från år-89. Där ligger nu Videungens hu:

Så småningom kom fler barn till och det blev dags att starta ännu en grupp i huset. Nu kastade vi oss ut i det okända igen. Den nya barngruppen skulle få vår lägenhet, Vitsippan. Vi skulle bygga två lägenheter på den oinredda vinden. En till oss och en till vår nya medarbetare. Vi träffade Louise Colding, förskollärare i Lund, på ett möte för waldorfförskollärare på Fridhem. Vi sökte en pedagog som hade erfarenhet och var intresserad av Fridhems praktiska arbetssätt med trädgård och djur. Hon kunde tänka sig att flytta från Lund till Österlen med häst och dotter Mirja, som nyss slutat i 1:an. På villkor att det startade en waldorfskola i Simrishamns kommun. Något även föräldrar på lekskolan frågat efter då en del av barnen snart skulle börja skolan. Så blev det. Vilket är en egen historia. Stefan fick nu ännu en ansenlig börda förutom att ha lek-skolan i familjen, vara hyresvärd för både den och en hyresgäst.

Sommaren- 89 flyttade Louise hit och Sophiaskolans första klass startade. Den berättelsen kommer senare i häftet.

Kaffepaus på arbetslördagen – 89. Byggmaterial till vinden på gården.

Under hösten hyrde vi tillfälligt in oss i ett kallt sommarhus på gamla Gästgiveriets tomt vid kyrkan. Louise hade bara 5 barn till att börja med och bodde i en del av sin lekskolelokal. Lekskola i hela huset! Entusiaster ger sig inte, så vi härdade ut liksom våra egna tåliga barn. Snickaren var oerfaren men billig. En förutsättning då vi tagit privata lån för ombyggnaden. Han slarvade inte, tvärtom, så därför blev det rejält försenat. Då jag lackade sista golvet rapporterades i radion att Berlinmuren fallit, nov-89. Sen flyttade vi in.

Snart blev vi allt fler barn, barngrupper, föräldrar, medarbetare. Mycket hände som brukar hända mellan kraftfulla människor i våra verksamheter. Vi arbetade med pionjärkrafter alltför länge allihop under de första åren. Problem föll som furor framför våra fötter och tog all kraft. Vi orkade inte med situationen att också vara ansvariga för huset längre.

Eva och Louise med en del av barnen, sommaren -91

Februari -91 erbjöd vi Fridhems Barnstuga att köpa fastigheten till självkostnadspris och ansenligt under marknadspriset, men man ville inte ta det ansvaret. Några i föräldragruppen ville då att vi skulle ge bort fastigheten, man hade ju varit där och hjälpt till. Till slut ordnade det sig, som det ju brukar även om det inte blir som man önskat. Susan B. som då var kultursekreterare i Simrishamns kommun, med familj fick köpa huset -92, med villkoret att Fridhems Barnstuga fick fortsätta som hyresgäst.

Vi hade redan flyttat till Skräddaröd, för att kunna skilja på arbetstid och fritid. Få ett privatliv. Sjukskrivningar – lång frånvaro med annat arbete – samtalsterapi. Lillebror föddes då vi flyttat till Söderköping. Frist att tänka efter, bearbeta. Två års boende och lärarvikk för Stefan i Söderköping. Då vi återvände sommaren-94 möttes vi av utmaningar igen.

*Sommarfest – 93.
Å alla andra somrar. Ett sidenband med buketter lindades runt almen och vi sjöng:
Vi har en alm den är minst hundra år,
den blir bara högre ju mer tiden går
och jag har en gunga på lägsta grenen
där sitter jag ofta och dinglar med benen.
Ur boken: Majas alfabet.*

Sexårsgungan.

Lisa Nyström med sina flasklamm. Dom följde med hem varje dag. Med blöja.

Det fanns nu långt gångna planer på att flytta lekskolan till Sophiaskolans gamla lärarbostäder. Arkitektritningar fanns där förskolan skulle ha 30 barn och 15 fritidsplatser. Maten skulle lagas med hjälp av skolans kök. Under året hade bidraget sänkts drastiskt och lekskolan behövde fler barngrupper för att kunna behålla de fyra tjänsterna på heltid. Nu var Fridhems hyreskontrakt uppsagt.

Åter till berättelsen. Den dåvarande byggnadsstiftelse Österlens Waldorffastigheter skulle köpa lärarbostaden och erbjöd nu Fridhem att hyra med inflyttning planerad till hösten-95. Men det fanns fortfarande hyresgäster i längan som skulle byggas om. bl.a. Ritas hårsalong. Det var en chock att se lekskolans lokaler att hyra i mäklarfönstret.

Vår familj bodde just då på granngården, Nyhem, i en flygel med enkel standard och vi var mycket tacksamma att kunna bo i Rörum nära skolan. Vår bostad i Skräddaröd hade vi hyrt ut. Vi försökte sälja huset innan vi flyttade, men ingen var intresserad. Vår hyresgäst hade rätt att bo kvar ett år till. Ofta gick jag grusvägen förbi Fridhem med barnvagnen och hörde stoj och lek från trädgården. Tänkte att jag hade det så bra med ansvar för bara vårt barn. Att slippa allt tungt arbete med att driva en verksamhet. När vi lämnade Söderköping drabbades vi av samma husproblem. Vår vän Bengt Aquilon och Stefan hade hittat ett äldre hus i Söderköping och vi hade köpt det. Saknaden efter vårt hus i Skåne skulle kännas mindre om vi inte hamnade i en lägenhet. När vi flyttade tillbaka till Skåne hade mäklaren i Söderköping inte hittat någon köpare. Han försökte förgäves en längre tid. Ingen kom och tittade. Varför skriver jag om våra trassliga husaffärer. Jo, för hur förunderligt det löste sig. Nu kändes vår situation alltmer ekonomiskt ohållbar. Så en dag kände jag mig vanmäktig av oro, satte mig på golvet i ett hörn och sände upp ett löfte till den andliga världen. Jag lovade att ta hand om lekskolan, som ju var illa ute, om jag blev av med bekymret vi hade med vårt osålda hus. Bara någon dag senare får vi ett telefonsamtal från en mäklare i Söderköping. Inte den vi anlitat. Han undrar om det är ok att han tar över försäljningen av vårt hus. En familj hade sett det och kikat in i trädgården. De ville köpa det. Nu var det upp till mig att hålla mitt löfte.

Louise, barnledig men styrelseledamot, råkade få reda på uppsägningen och meddelade hyresvärden att det var ett beslut som tagits av några få i styrelsen och att även föräldrarna var ovetande.

Till slut samlades, vi, några föräldrar för att reda upp det hela. De få drivande i styrelsen avgick i februari-95, då de inte hade något stöd, och slutade sina tjänster till sommaren. Sophiaskolans kollegium ansåg att skolan skulle ansvara för fritidshemmet. Någon ombyggnad gjordes inte. Nya ledamöter i Fridhems styrelse tog vid och mycket arbete krävdes för att bygga upp förtroendet igen. Uppsägningen av lokalerna togs tillbaka. Jag tog på mig ansvaret för den ena barngruppen men vi behövde en pedagog till den andra. Hon fanns på nära håll. Lisa som tidigare lagat mat på Fridhem hade nu arbetat med att bygga upp Sophiaskolans kök. Hon hade barn på lekskolan, kände till arbetet inifrån och var utbildad förskollärare. Det krävdes en del övertalning att få Lisa att lämna sin trygga plats i köket. Hon behövdes verkligen på Fridhem nu. Vi hade många samtal och jag lovade lotsa henne in i arbetet. Vi skulle ha gemensamma planeringar mm. Efter en sommarkurs i waldorfpedagogik i Järna hade jag så en engagerad kollega på plats. Mormor tog hand om min 2½ åring. Anna Blom, Catharina Steen och senare Stefan arbetade i köken under åren Louis var ledig för studier. Bidraget hade åter sänkts och vi minskade kökstjänsterna för att klara oss.

Småbarnen kommer till oss med sin värme och tillgivenhet och de första barnen börjar i augusti-98. Fler småbarn i kö och Fridhem har inte plats för fler småbarnsgrupper. Skulle vi bygga ny lekskola vid skolan? Äppelodlingen var redan godkänd som tomtmark. Nuvarande hantverkshuset ligger nu där. En arkitekt ritade och räknade och vi köpte tomten i mars -99. Stefan skötte förhandlingarna. Säljaren var positiv till lekskolan. Villkoret var att det inte skulle bli en ekologisk äppelodling där. Vi fick bygglov. Tankarna var att ett gemensamt kök skulle spara in kostnader för en kock och vi kunde få plats med två småbarnsgrupper. Vi tog flera månader på oss för att planera och tänka igenom beslutet. Vi insåg att vi skulle få det trångt och trist utomhus. Ingen bäck och mycket stoj från skolgården. Det skulle bli dyrt att bygga som vi verkligen önskade och inte tvingas kompromissa. Och egentligen var ju Fridhem en underbar plats. Sophiaskolan behövde nu plats för baracker efter en brand på övervåningen och vi sålde tomten till skolan för det pris vi gett.

Annelie Heimersson, småbarnsfröken tar initiativ att bygga Lillstugan 2001. Sex år senare bygger vi även Videungen då efterfrågan är störst på platser för de små barnen. För att ge dem närhet och trygghet har vi bara fyra barn i varje stuga. Nya waldorfförskolor växer fram. Lisa slutar hos oss för att bygga upp Baskemölla Barnstuga och Annelie startar Näbbe Barnstuga.

Catharina Retsler kommer in i bilden efter att ha varit med i Stiftelsens första skede. Med sina barn nu stora kan hon träda in som waldorfförskollärare 2002. Under åren 2000–2003 arbetar jag på Fritids på Sophiaskolan. Mer om det senare. Vi ombildar Stiftelsen 2008 till en modernare och mer lättarbetad form. För att alla ska vara kunniga i styrelsearbetet beslutades att alla skulle vara med i styrelsen för nya medarbetarföreningen. Med ny form följde nytt namn, Fridhems Barnträdgård.

Nya EU-krav och båda köken byggs om. Laga mat på vedspis kan vi glömma eller att barnen står med diskbaljor i trädgården och hjälper till, som det var förr. Men det blev fint och bra och behövdes.

Anna Blom vid grytorna 1995

Nya pedagoger har kommit till och tagit vid på ett självklart sätt. 26 års barnlek och årstidsfester sitter i väggarna och waldorfpedagogiken känns fortfarande helt rätt. Nu kommer generationsskiftet. Alla de gamla stiftarna som varit lekskolans "faddrar" har under de sista åren avlidit. Stefan och jag var nu de "gamle" som varligt, frivilligt men obevekligt intog en plats i peri-ferin, med att stötta och lära ut. Vi avslutade med uppgifter vi orkade med som eftermiddagspersonal, vikarie och kanslist. Det var en förmån att kunna vara kvar utan att behöva arbeta med reservkrafter. Jag tror att alla som arbetar här känner sig trygga med varandra då alla är rotade i trakten sedan många år och har gemensamma erfarenheter av förskolan och skolan. De första barnen som började på Fridhem som 4-åringar fyller 30 år, när detta skrivs 2014. Det ger perspektiv på allt som hänt. Vi är mycket tacksamma över att ha mött så många människor och alla barn. Och alla medarbetare. Det har gett oss glädje och utmaningar och fått oss att växa. Att få utvecklas som wal-dorfpedagog genom medveten närvaro i mötet med barnen varje dag och varje stund var en gåva. Vi är glada att de barn vi senare mött som skolbarn eller vuxna har goda minnen av sin tid på Fridhem. Här slutar vår berättelse om Fridhem. Men alla ni andra bär den gemensamt vidare.

Eva och Stefan

Fridhems Barnstugas fadder Anne Widmark

Stefans personliga minnen och upplevelser under sin tid på Sophiaskolan

Jag sitter i den stora fantastiska salen på Ecotopia, med sina tre stora vackra fönsterpartier och nio bjälkar i taket. Jag har precis hört Robert Powell, grundaren av Sophia Foundation, avsluta ett föredrag där väsendet Sophias förhållande till Moder Jord blev tydligt. Jag erinrar mig plötsligt hur och när Sophiaskolans namn kom till för precis 33 år och 4 månader sedan. Jag har sedan dess funderat mycket på innebörden av denna namngivning och fick nu en djupare förståelse. Namngivningen gick till så här:

Eva och jag hade bett Karin Modin, den första läraren på Kristofferskolan, att namnge den blivande skolan. Karin och hennes man bodde i Skräddaröd by, Rörum, och hade här på Österlen under sju år introducerat en grupp, mestadels grundskollärare, i den på antroposofin grundade waldorfpedagogiken. Vi väntade och väntade på att hon skulle ringa upp och ge oss namnet. Jag och en grupp föräldrar skulle nämligen grunda den blivande skolan i en stiftelse. Själv hade jag precis läst ett föredrag av Rudolf Steiner. Där skriver han om själens luttring, självuppfostran, där ”egotrippade” begär och drifter skolas bort. Resultatet av denna process har på de gamla mysterieplatserna i antiken kallats **Sophia**, den rena själen. Vi finner spår av liknande självsskolning även i Mindfullness, KBT terapi, Jung terapi etc. i våra dagar.

Jag känner att Sophiaskolan för mig är förbunden med dessa processer, med detta väsen genom sin namngivning och känner vördnad inför detta. (se sid 106 om namngivning)

Åter till Karins namngivning. Medan jag väntar på Karin, berättar Eva att tre av hennes lekskolebarn har döpt den nya waldorfdockan. Hon skulle heta **Sophia**. De tre barnen var redan anmälda till den blivande skolan året därpå, om den blev av. Barn till stiftande föräldrar.

Några dagar innan det stiftande mötet med föräldrar bad Karin mig komma hem till henne och hon meddelade mig att skolan skulle heta: **Sophia**. Det var hon mycket bestämd med. Där jag sitter på Ecotopia ser jag henne framför mig och ja, hon var mycket bestämd. Precis lika bestämd som när hon talade om för Stockholms Stads skolchef att hennes skola skulle heta Kristoffer-skolan.

Jag bestämde mig på Ecotopia för att som "33 års jubileum" skriva ner mina minnen av hur skolan kom till och den bakgrund den hade. Några frågade ett par veckor senare om skolans tidiga historia.

Min bakgrund: Jag tog studenten i Sigtuna -67. Jag var utbildad ekonom på Stockholms Universitet, hade arbetat i Spanien med reklam, fått stipendium till Handelskammaren i Madrid, men fick gulsot av ostron och fick vända hem. Jag började en karriär i ett stort företag i Sverige, med sikte på utlands-placering. Efter tre år som ansvarig för en personal på ca 20 och stor budget i Helsingborg var jag på väg att ta ytterligare ett steg i karriären, men först var jag tvungen att säga upp personal av diffus anledning. Jag kände mig tom invärtes. Var detta verkligen min röda tråd? Det kändes meningslöst, själstomt. Trots min omgivnings förmaningar tog jag modet till mig och bröt upp, letade vanmäktigt efter en meningsfullare uppgift i ett helt år. Jag ville arbeta med människor och utbildning. Jag kom fram till att läraryrket skulle passa mig. När jag kom in på Lärarhögskolan i Stockholm var jag 33 år.

Där fanns då Behovs Orienterad Lärarutbildning BOL. Vi skulle själva påverka planeringen av vår egen utbildning efter våra egna behov, givetvis inom vissa ramar. Vi var en grupp äldre kandidater som gick samman, kallade oss Grupp 8, efter antalet, men vi hade inte så röda strumpor. Vi fokuserade på frigörande pedagogik, tex. Freire, Freinet, Neill och waldorfpedagogik. Vi bröt gamla mönster till äldre utbildares förtvivlan men yngre lektorers appläder. BOL lades ner året därpå. Jag auskulterade, och vikarierade i flera Freinetklasser i Stockholm. På kvällstid vikarierade jag även på Vuxenskolan som lärare i "Svenska för Invandrare" SFI. Efter examen fick jag anställning på en skola i Botkyrka där lärarna var Freinetinspirerade. Jag kom emellertid att mellanlanda i Mönsterås med franska, tyska och särskild engelska på högstadiet som klassföreståndare. Min barndoms sommarstuga i närheten lockade och möjligheten att odla grönsaker och bo på landet. Under tonåren växte jag upp på en bondgård.

Efter ett år hamnade jag åter i Stockholmstrakten. Jag fick arbete som speciallärare i Jordbro i en OBS-klass. Rektorn där gav mig fria händer och vi utvecklade ett system, där eleverna fick söka till klassen i stället för att bli utputtade ifrån sina klasser. Jag införde ett veckopengssystem som krav och "bot" mot utbredd skolk, vilket gav nära kontakt med föräldrar. Alla familjer fick gå tre gånger till PBU, där jag var med första gången och fick höra elevernas sociala bakgrund och skolgång.

En sjundeklassare, kunde inte läsa, slagskämpe bland elevskåpen. Han lärde mig mer än jag lärt mig på lärarhögskolan. Hans språk var oerhört torftigt, bestod mest av "öh, vaba, alltså" Han ritade bild efter bild på en grabb som satt ensam på en söderhavsö under en palm. Över ön flög skriande måsar, runt omkring simmade hajfenor. En gång skällde jag ut honom med vuxen moralpredikan från ovan. Jag såg i hans ögon hur besviken han blev. Han hade ju trott på mig! Ritat teckningar som beskrev vad han inte hade ord för. Ytterligare en vuxen som svek, varken såg eller lyssnade! Jag sa:"Förlåt, Niklas, vad är det."? Jag följde med honom hem och såg och hörde hans imaginativa budskap i teckningen med fysiska ögon och öron. Storasyster hade bandspelaren på högsta volym, storebror tittade på porrfilm, mamman började bråka med en tillfällig manlig bekant. Han lärde mig hur viktigt det är att lyssna "bakom" att ha tålamod = ha mod att tåla, att se och höra bakom ytan.

Han lärde mig också att vi alla sitter i samma båt och måste lära oss av varandra, elev liksom som lärare. Jag hade inte ADHD och dyslexi som han, jag hade STEFAN som bokstavskombination. Han "råkade" senare ha sönder en glasruta. Jag tvingade honom att hjälpa till att kitta den. Det kunde han direkt. Det blev upphovet till en anpassad studiegång hos just det glasmmästeriet, som var där. Han läste till moppekörkort som lästräning. Han kom sedan in på glasmästarlinjen och har nu en egen firma. Han skrev nyligen ett mail och hade faktiskt flera bokstäver på rätt plats, fast inte så många.

Vi samarbetade nära med kvarterspolis, socialen, syokonsulenter och ortens näringsliv för anpassad studiegång. Hembesöken var många. Jag hade hjälp av värnpliktsvägrare som gjorde samhällstjänst. Två av dem avlöste senare varandra som ordförande i Svenska Freds, en av dem avslöjade samtidigt Bofors vapenaffärer i Indien, Boforsskandalen. En tredje var landslagsman i volleyboll. Fantastiska förebilder. Vi arbetade med drama och gjorde veckolånga resor med ganska tuffa tag, men mycket uppskattade. Efter nära fyra års "socialt förebyggande" arbete insåg jag att de flesta elevers problem till stor del skapats av "skolsystemet". De hade hamnat utanför redan i ettan eller tvåan, inte blivit sedda och hörda. Skulle jag få nytta av mina erfarenheter från Jordbro OBS-klass senare på Sophiaskolan? Ja, men inte så mycket som jag hade hoppats......Det här tillhörde min röda tråd i livet som lärare.

Jag behövde nu en paus och flyttade till ett kollektiv på Fridhem i Rörum sommaren -83, för att hjälpa till med odlingarna. Jag hade varit aktiv i miljörörelsen och gått kurser i organiskbiologisk odling på Miljöförbundets kursgård Lindsberg i Falun och där lärt känna Eva. Eva och jag gifte oss i november. Jag försörjde mig så småningom som SFI lärare. Jag fick nytta av att ha arbetat med SFI i Stockholm. Jag fick arbete i Simrishamns kommun som kombinerad SFI lärare och hemspråkslärare, eftersom jag kunde spanska. Jag fick hand om ca 40 chilenska flyktingar i klass ett till nio, i gymnasiet och i en vuxengrupp. Nu träffade jag skolchef, socialchef och politiker som sedan hjälpte till att bana väg för Sophiaskolans tillkomst. Flera av dem satte sedan sina barn i "waldorf".

Karin och Holger Modin på vår terass

Karin Modin och hennes man Holger hade också berett mark för waldorf-pedagogiken. De hade under sju år hållt kurser för grundskollärare, haft två studiegrupper i antroposofi, en för äldre i deras egen ålder. Gustav Berglund och Lisa Staeves på Mellby Atelier hade också funnits här med sin konsert-verksamhet, studier i antroposofi, målningskurser vått i vått och sitt biody-namiska lantbruk. Barbro Aquilon hade haft en välbesökt eurytmi föreställ-ning där. Det var för många känt att antroposofin fanns på Österlen.

Äldreboendet Vigs Ängar var på väg, liksom det läkepedagogiska Solvända i Fränninge. Några biodynamiska grönsaksodlare fanns på plats och kunde sed-an leverera till både lekskola och skola.

Redan under Fridhem Barnstugas första termin började några föräldrar på Fridhem tala om att de även ville ha en waldorfskola för sina barn. Jag åkte på kurs i Järna sommaren -88 med Walter Liebendörfer och Gudmar Holmberg som ledare. Jag frågade Walter hur vi skulle utbilda oss till waldorflärare, vi som hade barn och familj och hade svårt att flytta hemifrån i tre år. Hans svar var entydigt: Seminariet i Järna. Det var orsaken till att jag senare tog initiativet till att starta Sophiaseminariet, som var en 5-årig ambulerande deltidsutbildning som höll på i 10 år. På det sättet kunde även vuxna med barn få lärarkompetens.

I början av -89 ställde tre föräldrapar frågan till mig om jag ville starta en skola. Gunnel och Claes Göransson, Ann-Marie Hobert och Ingmar Rosberg samt Marie-Louise och Manfred Koch. Gunnel och Ann-Marie var gymnasielärare, och båda blev senare rektorer. Ann-Marie satt i skolnämnden och Ingmar var politiker i fullmäktige. Marie-Lousie var speciallärare i grundskolan och hade liksom Gunnel deltagit i Karin och Holgers waldorfpedagogikkurser. Socialchefen Herje Granberg var också införstådd.

Vem skulle bli lärare? Ingen av oss hade gått waldorfseminariet. Vi letade med ljus och lykta över hela Sverige. Hans Möller som startade Ellen Key skolan bara skrattade åt mig när jag skjutsade honom från Lund för att hålla föredrag på Fridhem. ”Ni kommer inte att hitta någon, etablerade skolor tar hand om de få som gått utbildning”.

Vi hade ordnat korta helgkurser i waldorfpedagogik på Fridhem med bl.a Reintraut och Nisse Andersson, från läkepedagogiska Solvända i Fränninge. Elisabeth Ahlberg, ledare för Kristofferseminariet för lärare deltog också. Skolchefens dotter var med. Elisabeth Ahlberg kände till min bakgrund och sa plötsligt hemma hos paret Modins: Det är Du Stefan som får bli första läraren! Jag satte nog kaffet i vrångstrupen, men insåg direkt att det låg i luften. Jag var 42 och det här fick bli mitt livs viktigaste uppgift.

Nu gick det undan. Gudmar Holmberg höll föredrag på Korsavadskolan inne i Simrishamn. Jag åkte till Stockholm och Hans Möller ordnade auskultationsplatser på Kristofferskolan, Ellen Key Skolan och Martinskolan. Jag följde Hans på ett föredrag av Humanisterna på Sveavägen och träffade Ingrid och Walter

Liebendörfer. Ingrid hälsade mig: ”Men se Stefan Breitholtz i egen hög person!”. Jag förstod då vad även Walter Liebendörfer tyckte om att jag skulle vara med och starta en waldorfskola och bli dess förste lärare utan utbildning och Järnas samtycke. Det kändes ända in i ryggmärgen! Waldorfpedagogikens ”guru” i Sverige var emot. Jag hade ju honom som förebild efter sommarkursen dessutom.

Jag auskulterade också i Bengt Aquilons klass på Hammarspångens waldorfskola i Söderköping och hade långa samtal med Bengt och hans fru Barbro om den inre essensen i undervisningens olika perioder. Barbro hade en "förfader" Aquilonius, som varit präst i Rörum i början på 1800-talet och bott på Fridhem! Några år senare tog jag över denna klass. Jag hade den i en 6-7:a; 7-8:a.

Jag mötte politiker, åkte till länsskolnämnden, ett tiotal medlemmar, i Kristianstad, som då var tillsynsmyndighet. Jag höll en lektion i matematik med dem som imponerade. Att jag var ekonom och var grundskollärare var ett plus liksom att Simrishamns skolchef gick i god för mig. Eva och jag hade på ett märkligt sätt ”råkat” träffa olika nyckelpersoner när vi arbetade i kommunen vilka sedan underlättade skolans tillkomst. Föräldrar lobbade i politikens och skolchefens korridorer.

Skolans organisation blev i stiftelseform och jag skrev stadgarna med hjälp av Sverker Widmark, som tillsammans med sin Anne var faddrar till Fridhems Barnstuga. Sverker var rådgivare till regeringen i juridiska frågor och hade skrivit otaliga stiftelsestadgar till antroposofiska institutioner. Kollegiet var tänkt att vara skolans hjärta och pulsgivare. Eftersom det blivande kollegiet hade det moraliska ansvaret för att det bedrevs waldorfpedagogik på skolan skulle de representeras av tre medlemmar i styrelsen och föräldrarna av två. Precis som på Fridhems Barnstuga. Föräldrar fick i praktiken mycket att säga till om och var till stor nytta med allt praktiskt runt omkring.

Dessa tankar låg bakom stiftandet: Ett initiativ, en organisation är ett levande väsen som har sina lagbundenheter i 7 årsperioder. Precis samma gäller den enskilda människan och naturligtvis för eleven i en waldorfskola, där pedagogiken bygger på dessa 7-års rytmer. Ett initiativ, en organsiation börjar sin utveckling dock inte i den första 7-års fasen utan i den tredje och vi är medskapare liksom den andliga världen. Denna sjuårsperiod, kan även kallas en pionjär- eller Faraoperiod. Här möter man samma svårigheter, hinder och möjligheter som under den tredje, den egyptiska, kulturepoken. Dock med den skillnaden att vi samtidigt lever i vår tid, den femte kulturepoken, där en medvetenhetsutveckling krävs.

Kollegiet har tagit på sig det moraliska ansvaret inför den andliga världen att vara dess hjärta och bör därför ha det största inflytandet i dess ledning. I motsats till det enväldiga beslutfattandet på den Faraoniska tiden gäller nu det ömsesidiga samtalet i allra högsta grad. Det demokratiska som utvecklades i den efterkommande fjärde grekiska kulturepoken uttrycks i Sophiaskolans organisation i att kollegiet väljer sina representanter till styrelsen och föräldrarna sina. Det viktiga är att lyssnande samtal förs och att konsensus eftersträvas mellan kollegiet och föräldrar så långt som möjligt.

Följande föräldrar var med vid stiftandet: Gunnel och Claes Göransson, Ingmar Rosberg och Ann-Marie Hobert, Marie-Louise och Manfred Koch, Louise Colding, Lisa och Olof Nyström, Catharina Nylander och Per-Arne Johansson, Ninni och Peter Borg, Elisabeth och Herje Granberg, Elisabeth Zetterholm och Ulf Pyk, Siv och Bo Lilja, Connie och Kent Larsen. Eftersom fler föräldrar kom till under denna vår är jag inte riktigt säker på om fler var med just då eller om jag glömt någon.

Tillstånd gavs redan till hösten -89 med den timplan som länsskolnämnden godkänt. Simrishamns kommun erbjöd oss ett klassrum i Rörums gamla folkskola uppe i kyrkbyn och femtusen kronor i bidrag per elev. Någon skolpeng fanns inte, föräldrar fick betala skolavgift. Tillsammans räckte det till 7000 kr i lön, femtusen mindre än jag haft i kommunens skolor. Någon arbetsgivaravgift hade skolan inte råd med, vilket gjorde att jag varken kunde få sjukpenning eller få arbetslöshetsstöd om skolan skulle upphöra. Lönen utbetalades i form av lån för att slippa arbetsgivaravgifter i bokföringen. Jag skulle formellt alltså stå i skuld till skolan om något hände......vilket det också gjorde så småningom.

Oppositionspartier var kraftigt emot skolan. Jag grillades hårt om timplan och särskilt om eurytmin. Det befarades att det skulle bli en rikemanskola som inte var öppen för alla. Om de hade sett skicket på de bilar som lämnade barn på skolan de första åren skulle de tystna. Dessutom blev det en stor inflyttning av familjer, även mor- och farföräldrar till bygden så småningom.

I Ystad Allehanda skrev sju präster från olika samfund eller församlingar i kommunen en aggressiv insändare om skolstarten, framför allt skulle eurytmin enligt dem vara en mystisk kult som barn inte skulle utsättas för. Eurytmin var och skulle alltmer bli vad jag vurmade för, eftersom jag i Stockholm och Söderköping fått uppleva vilken betydelse det hade speciellt för barnens och klassernas sociala utveckling. Jag skrev ett svar och nämnde något om inkvisition.......... Svenska Kyrkan bad redan samma höst om ursäkt.

Under sommaren hjälptes vi åt att måla om klassrummet, bänkskivor och lösa bockar. Klassrummet skulle snabbt kunna förvandlas till en öppen yta för rörelse och former. Den stora salen, nuvarande restaurang Creperian, och köket delade vi med Röda Korset och Kyrkan. Det var oerhört noga att vi

skötte städning av lokalerna, då vi var där på nåder. Mat ordnades i ett samarbete mellan Fridhems Barnstuga och föräldrar.

Skolan hade alltså inga kostnader för maten. Vi hämtade mat en dag i veckan på Fridhem och föräldrar satte mat i hallen färdig att värmas i köket. Vi åt i klassrummet och det var roligt att olika föräldrar lagat maten. Det tyckte eleverna mycket om. Vi kände oss om-pysslade. Många vandringar gjordes i den vackra omgivningen. Vi gick ofta förbi den bondgård som senare såldes till Mandelmanns, upp mot kullarna och Rörums Backar mot vattenfallet i Forsemölla. Ibland gick vi till havet. Den nya vägen runt Rörum byggdes och vi kunde följa bulldozrarnas och lastbilarnas arbete från upphöjda vägkanter. Enorma hål togs upp för att ta bort svajig blålera precis utanför Fridhem i den långa backen.

Jag hade tre elever i klass 1, fyra i klass 2 och tre elever i klass 3:

Emma Borg, Gaya Larsen, Simon Nylander Johansson, Mirja Colding, Rebecka Lindberg, Kajsa Lilja, Magnus Björklund, Emma-Lovisa Granberg, Emelie Pyk och Mats Tenland.

Detta var ingen idealisk kombination klassmässigt, men barnen trivdes med varandra och hade sedan med varandra att göra långt upp i klasserna. Några av barnen hade tråkiga erfarenheter från waldorfskolan i Lund men för-äldrarna föredrog ändå att sätta sina barn i klassen eftersom de ville ha waldorfpedagogik. Jag blev lovad extra föräldramedverkan i undervisningen för klass 3, men den uteblev.

Förberedelserna under sommaren blev intensiva. Jag pluggade Ilkeykurs, allmän människokunskap och allt jag kom över. Jag hade stor nytta av vad jag fått under auskultationerna i Stockholms och Söderköpings waldorfskolor. Jag fick hjälp av Karin och Holger och satt hemma hos dem och förberedde mig. Jag var van att ha olika nivåer i samma klassrum från min tid som OBS-klasslärare och som SFI -lärare, men det här var speciellt.

Det Anne och Sverker Widmark delgav mig under sina två semestrar på Fridhem var också till stor nytta. Sverker var otroligt insatt i de antika kulturepokerna och deras inverkan ända in i våra dagar. Organisationers utveckling och struktur hade vi som delat intresse. Jag som företagsekonom, Sverker som juridisk stadgeexpert. Catharina Nylander, som var förälder i klass 3, hjälpte till som handarbetslärare.

Det kämpiga var att Eva, vår 6-årige son och jag måste bo svinkallt i Marianne och Kurre Mellquists oisolerade sidohus mittemot kyrkan. Övervåningen på Fridhem höll då på att byggas om till två bostäder eftersom Louise Colding hade en ny grupp lekskolebarn i vår gamla bostad och även själv behövde en lägenhet. Två unga oerfarna byggare med nystartad firma krävde många samtal.

Jag ordnade informationsmöten och föredrag med bl.a Barbro Brodahl i klassrummet. Jag sågade och eldade uppemot 40 kubikmeter ved på Fridhem, skötte gräsklippning och fastighetsskötsel och ommålning av den nya lekskolelokalen. Skötte lekskolans bokföring och löneutbetalningar. Ombyggnaden av övervåningen på Fridhem drog ut på tiden, blev dyrare än tänkt och vi fick själva måla väggar och golv på ca 120 kvm. Det var en ansträngande, men rolig tid. Osäkerheten och oron lyckades vi till en del hålla borta med den entusiasm vi kände och med Tillitens Bön:

Tillitens bön

Vad som än kommer, vad som än må hända,
nästa timme, nästa dag,
också om det är mig obekant,
kan jag inte ändra det genom fruktan.
Jag väntar på det med fullkomlig stillhet,
likt havets stiltje i sinnet.
Genom ängslan och fruktan hämmar vi vår utveckling,
genom fruktan och ängslans vågor tillbakavisar vi det,
som vill komma in i våra själar från framtiden.
Tillit till det som man kallar den gudomliga visheten
i händelserna,
Vissheten om att det som skall komma måste ske,
och att det i någon riktning måste ha sina goda verkningar.
Att framkalla denna stämning i ord, känslor och idéer,
Det är stämningen i tillitens bön.
Detta hör till det som vi måste lära oss i vår tid:
Att leva utur rent förtroende till den alltid närvarande hjälpen
från den andliga världen.
Sannerligen på annat sätt går det inte idag,
om inte modet skall sjunka. Låt oss härda vår vilja och
söka uppväckelse inifrån varje morgon och varje kväll.

Denna bön var till oerhört stor hjälp, men oron och pressen fanns där hela tiden i bakgrunden.

Ombyggnad av Fridhem

Det som oroade mig mest var vem som skulle ta nästa klass och hur en lokal skulle ordnas för den. Flera av de lärare som nu arbetade i Simrishamns grundskolor och gått Karin och Holgers kurser i waldorpedagogik tillfrågades, men de tackade alla nej. Några av dem skulle dock senare våga börja när det krisade till sig. Det var lönen och osäkerheten som var problemet.

En nyinflyttad, som gått en del av prästseminariet i Stuttgart, ställde sig villig att ta nästa klass. Hans fru var eurytmist, men hade ett litet barn hemma. Han hade vikarierat på Martinskolan i en första klass under en termin och hade bakgrunden klar för sig. Vi gjorde en överenskommelse i början på sommaren. Jag fick dock heligt lova att inte nämna hans namn för föräldrarna, men i alla fall meddela att en lärare var klar för hösten. Detta var mycket underligt, men han var benhård, hans namn fick inte nämnas ännu. Vi begrep ingenting, men eftersom det inte verkade finnas några lediga waldorflärare i hela Sverige, fick vi acceptera detta.

För att alla nya barn och föräldrar skulle få träffa varandra inför skolans andra skolår ordnade vi på våren en Gökotta på kullarna ovanför blivande Mandelmanns trädgårdar. Den tidiga timmen, utsikten över Rörum och bort mot Stenshuvud, havet och den stigande solen bidrog till den högtidliga stämningen. Barnen var förväntansfulla. När alla satt sig och det var alldeles tyst hördes göken bara några tiotal meter bakom oss innan den flaxade iväg. Ett oförglömligt minne.

Föräldrarna hade olika förslag på var skolan skulle ligga. Några, som bodde norrut, ville att den skulle placeras i Mellby gamla skola. Andra som bodde i Simrishamn ville att nuvarande Nils Holgersonskolans lokaler bredvid kyrkogården skulle passa. Jag visste inom mig att Rörums något modernare skola var den rätta platsen med tanke på närheten till Fridhem, antal klassrum, bussförbindelser åt tre håll, fantastisk natur åt alla håll. Skolan stod tom och ägdes av en norsk oljeshejk, sköttes av Walde Bengtsson på Radio Simrishamn. Ursprungligen hade de tänkt bygga om den för tyska turister med spa och lyxturism. Detta hade dock nyligen skrinlagts och klassrum uthyrdes nu till två konstnärer och en mottagning för lymfdränage. Vi fick lov att hyra två klassrum.

Allt var klappat och klart, kontrakt skulle skrivas. En förälder, en politiker med stort inflytande, som ville ha skolan närmare sin egen bostad, hade dock meddelat Walde Bengtsson att vi ändrat oss. En ren kupp från hans sida! Jag fick reda på det av en slump? och ringde Olof Nyström. Vi träffade tillsammans Walde Bengtsson och ordnade upp det hela. Puh! Walde var mycket irriterad. Olof och jag lyckades dock få löfte om option på alla klassrum och lokaler. Hela skolbyggnaden var nu vår i praktiken!

Många Rörumsbor var dock mycket skeptiska till en början. Vi hade ockuperat byns skola med något som kallades waldorfpedagogik!? Många hade ju själva gått där i sin barndom. Ritas hårsalong låg i nuvarande fritids källare och kunderna passerade över skolgården på väg dit. Det lossnade inte riktigt förrän även Mandelmanns kommit till byn och satt sina barn i waldorf. Samtidigt som hus efter hus i byn succesivt fyllts med waldorfamiljer som flyttat till Rörum och man förstod att Rörum fått en ny identitet.

Några bönder var dock välvilligt inställda. Jag hade hjälpt dem med en skrivelse när vägverket tänkte köra över dem, när den nya vägen drogs över deras ägor utanför byn. Resultatet för dem blev en ny silo, en vägtunnel för kor och ekonomisk kompensation. Detta skulle vi få nytta av senare.

Jag var med och målade bänkskivor, laserade två klassrum, satte upp diskbänk i korridoren för disk av grytor, glas och tallrikar. Vi fick ett litet lärarrum med toalett.

Föräldrarna meddelades att en lärare var klar. De tyckte naturligtvis att det var otroligt konstigt att jag inte fick nämna lärarens namn. Mitt i sommaren ordnade de ett möte, "gamla" föräldrar såväl som nya. Jag kunde bara upprepa vad den tilltänkte läraren hade sagt och jag blev ordentligt angripen för diktatorsfasoner och hemlighetsmakeri. En lärare som inte ville nämna sitt namn ville de naturligtvis inte heller ha. Kris, förtroendekris! Man kan förstå föräldrars oro! Det var dock inte lätt att få tag på en lärare mitt i sommaren som skulle erbjudas lån istället för lön.

Min modiga Eva ryckte snabbt in och meddelade att hon kunde tänka sig att lämna sin grupp på förskolan och hoppa in som klasslärare för de sex nya barnen i ettan. Eva rådgjorde med Bengt och Barbro Aquilon från Söderköping, som då bodde hos oss på besök. De nya föräldrarna blev mycket glada, då de flesta hade haft Eva som fröken för sina barn som 6-åringar. Jag skulle nu ha 16 barn i en 2-3-4:a. Jag var ordentligt trött, men Puh igen!

Här syns delar av Evas klass 1 i den nya stora sandlådan med klätterträd

En del politiker i Simrishamn var irriterade. Det hade flyttat hit familjer som behövde socialbidrag. Ryktet om buckliga bilar och avgasrör som brummade vid skolhämtningar hade nått deras öron. Nu klagade man inte längre på att det var rikemansbarn som gick i den nya privatskolan! Mina gamla kollegor i Simrishamns grundskolor tittade lite snett på mig och undvek min blick när vi möttes på ICA, dock inte alla.

Föräldrarna hade tröttnat på att laga mat, nu var det ju nästan tjugofem portioner. En överenskommelse ingicks med kommunen att vegetarisk kost skulle levereras till skolan med bil. Det var ingen höjdare, men vi fick nöja oss med det. Eva och jag fick turas om att servera, städa och diska efter maten och vara rastvakter.

Skolgården var enorm och dessutom med en å. Vi kom på att bryta upp asfalten framför skolgården kunde vara ett bra rastarbete. Mycket populärt för en del. Allt lades i en hög som sedan skulle täckas med jord och gräs. Skolgården var annars helt platt och stenhård. Föräldrarna hjälptes åt att bygga en stor sandlåda och sätta upp basketkorgar.

Rörums SK lånade efter en del svårigheter ut sin gymnastiksal så att vi kunde använda den. Finanserna var mycket ansträngda och Eva fick ersättning på samma villkor som jag, dvs. lån för arbetsgivaravgifternas och bokföringens skull. Det var en mycket osäker och skör situation eftersom Eva och jag nu hade tagit lån för ombyggnaden på Frihems vind för att lekskolan skulle få en till avdelning och sammanlagt 22 barn, dessutom en bostad till Louise Colding, den nya förskolläraren. Vi läste Tillitens bön av Rudolf Steiner och det hjälpte ett tag. Vi hade väldigt roligt med eleverna som nu var dubbelt så många. Vi gjorde ett Mikaelspel. Evas klass fick vara publik när vi andra övade. Vi byggde upp en scen i Rörums gamla folkskola uppe i byn där vi varit tidigare. Eva och hennes mamma färgade stjärngosselinnen och luciadräkter oranga som fick användas i spelet. Allt var roligt och spännande.

Vi hade gemensamma kollegiemöten och studier med Fridhems kollegium. Vi såg oss som en enhet. Fridhem hade bättre ekonomi och stöttade oss med papper och kritor etc, senare med pengar till skolans nya dyra gasspis. Adventsträdgård gjorde vi tillsammans.

Gamla folkskolans scen användes så småningom vid spel och årtidsfester

Herje Granberg, öppnade en waldorfbutik i ett mindre klassrum. Det var mycket uppskattat.

Sophiaseminariet var på väg att bli till. Jag tog initiativet och fick med mig skolinitiativen i Höör, Växjö och Kalmar och fick uppdraget att försöka få tag på kompetenta lärare. Jag ringde först Mona-Kajsa Larson, i vars klass jag auskulterat på Martinskolan. Hon hade startat skolan liksom waldorfskolan i Kalmar. Hon tackade nej. Jag ringde Margareta Eichenholz, som hållit föredrag här och varit i Bengt Aquilons klass. Hon var handarbetslärare i Kristofferskolan och åkte till USA stup i kvarten för vidareutbildning av lärare. Hon tackade nej. Genom Bengt Aquilon fick jag till slut tag i Elisabeth Sjöborg som startat Örebro waldorfskola. Hon i sin tur ringde Mona Kajsa och Margareta.

De tre tillsammans med Marianne Wikander, Reintraut och Nils Andersson bl.a försåg sedan södra Sverige med nya waldorflärare i fem år tills Lena Bergvall tog över i fem år. Jag engagerade Henning Andersen från Danmark som höll en fantastisk workshop i lekfull matematik.

Jag fick i början ordna mycket praktiskt runt omkring, men fick senare koncentrera mig på min klass.

Den här hösten lades Länsskolnämnden i Kristianstad ned. Skolverket skulle ta över tillståndet. Jag fick göra en ny timplan och det skulle ta tid innan den godkändes. Under tiden hade vi inget tillstånd. Kris och oroliga föräldrar. Länsskolnämndens ordförande, som varit på besök i den gamla skolan månade om det nya pedagogiska initiativet. Han ringde upp och föreslog att vi skulle gå in under kommunens tak under en övergångsperiod, för att sedan fritt kunna välja om vi ville vara fristående eller kommunala. Kommunen var med på det hela. Det blev ett ramaskri i waldorfskolefederationen, där vi fortfarande inte hunnit bli medlemmar. Örjan Retsler från waldorffederationen kom ned och undrade vad jag höll på med. Men jag hade inget val till slut. Den nybildade styrelsen i Sophiaskolan där jag var enda kollegierepresentant var tydligen också med på noterna.

Eva och jag var ordentligt skärrade, det hjälpte inte med Tillitens bön. Sömnen blev dålig. Läget var oklart, skulle Walter Liebendörfer få rätt, var det fel att starta skolan? En del föräldrar skötte inte städningen, vi fick aldrig vila och ha rast på grund av allt runt maten och rastvakteriet. Jag var slutkörd och krävde att Eva och jag skulle få lön istället för lån. Om skolan upphörde riskerade vi att hamna i riktig knipa ekonomiskt med våra lån efter ombyggnaden. Dessutom hade vi våra löner som lån i skolans bokföring. Vad skulle hända vid konkurs. Vi skulle bli tvugna att sälja Fridhem med lekskola och allt. Jag möttes av totalt oförståelse, trots att Karin Modin satt med i Styrelsen. Detta tog mig väldigt hårt.

En dag i november sa Eva till mig: Stefan nu måste du vara hemma ett tag tills du återhämtat dig. Jag åkte till ett rehabiliteringshem i Kolmården där många verksamma pionjärer i samma situation varit, bl.a Anne Widmark, som rekommenderat det. För mig var allt totalt mörker. Den stora anspänningen för att få lekskola, skola på plats, igångsättandet av Sophiasseminariet, ombyggnaden av Fridhem, hade tagit ut sin rätt, men framförallt var det likgiltigheten för vår familjs situation som tog knäcken på mig. Tiden gick och Marcel Solca, en förälder i klassen hoppade in som vikarie. Eva fortsatte som vanligt terminen ut. Jag kunde inte sjukskriva mig, jag var ju inte officiellt anställd och jag fick ingen adekvat läkarvård. På den här tiden fanns inte begreppet "utbränd". Rätt till arbetslösersättning saknades. Jag ringde Walter Liebendörfer och frågade ödmjukt om han kunde komma ner och hjälpa till och reda ut situationen. Det ville han inte.

Styrelsen, förhandlade under tiden med kommunen och fick tydligen tillstånd att fortsätta. Eva hade begärt tjänstledigt, för att rycka in på lekskolan eftersom det var kris där. Hon fick avslag. Några dagar innan julafton ringde en styrelsemedlem och talade om att styrelsen beslutat att vi inte var välkomna på skolan längre. Punkt slut.

Styrelsen hade fått tag på två nya lärare, en av dem var Gudmar Holmberg. Gudmar var den första klassläraren på Ståthöga i Norrköping. Jag hade stor respekt för Gudmar, han hade gjort en hjältemodig insats när Ståthöga riskerade polishämtning av barnen, på grund av ofullständigt tillstånd. Motståndet och uppmärksamheten hade stor betydelse för att fler waldorfskolor senare skulle kunna starta. En tidigare kollega till Gudmar från Ståthöga waldorfskola, Christer Carlbaum, ringde dock upp mig och varnade för att Gudmar var slutkörd. Jag i min tur ringde Walter Liebendörfer och frågade om han visste någonting om Gudmar. Walter ansåg att han skulle få en chans.

Marie Louise Kock, som då var speciallärare i grundskolan, skulle ta hand om Evas klass. Hon hade tillhört Modins studiegrupp i waldorfpedagogik i flera år.

Den 10: e januari kom Gudmar och ville träffa mig. Vi satt vid Vitsippans matbord. Gudmar meddelade mig att han skulle ta över klassen eftersom jag var avskedad. Vi kände varandra sedan tidigare, jag hade varit hos honom i Norrköping och han hade bott hos oss när han höll sitt föredrag här. Vi samtalade och fann att vi båda var födda samma dag och samma år. Precis när vi konstaterat detta kom Eva nersmygande från vår lägenhet på vinden och viskade i mitt öra att min far hade gått bort för en halvtimme sedan. Vi avbröt samtalet.

Eftersom jag blivit avskedad från en anställning jag inte "hade haft", bad jag en jurist i Malmö att hjälpa mig. Det var inte rätt att avskeda mig, att inte få en chans till rehabilitering efter allt slit och risktagande. Jag ville ha kvar en vilande tjänst på skolan. Föräldrarna var inte missnöjda med min pedagogiska insats.

Juristen hade varit anställd på Svenska Arbetsgivare Föreningen, SAF, och ofta haft ärenden i arbetsdomstolen. Han försökte tala skolan och Simrishamns kommun tillrätta för någon slags överenskommelse. Han kom ingenstans eftersom det nu var kommunen som hade hand om skolan. Han skakade på huvudet och sa att han aldrig varit med om någonting liknade. Han sa, att om han tagit det hela till arbetsdomstolen, hade jag fått minst 2-300 000 i skadestånd, men då hade skolan kapsejsat. Han efterskänkte arvodet på 12 000, då han tyckte att jag blivit så illa behandlad. Jag orkade inte arbeta, på ett helt år, men min far efterlämnade tillräcligt med pengar som vi kunde leva på det året.

Hösten -91 hade vi flyttat från Fridhem till Skräddarödby och ville att Fridhem skulle övertas av Fridhems Barnträdgårds stiftelse, så som vi tidigare planerat med de anställda. De skulle få överta huset och marken för en summa som skulle täcka våra lån och utgifter. Alltså till självkostnadspris. Evas mamma bl.a skulle gå i borgen för det banklån vi ordnat till stiftelsen.

Några få föräldrar skrev då ett brev och skulle ha ett lägre pris. Det kunde vi naturligtvis inte gå med på utan vi blev tvugna att lämna det till mäklare. Förutsättningen var att köparen godkände att lekskolan fick vara kvar. Vi fick flera bra bud runt 1.750.000 men spekulanterna blev bortskrämda av en av de anställda. Honom skulle de inte vilja ha som hyresgäst. Vi fick vänta i ett och ett halvt år innan vi fick huset sålt med förlust.

Susanne Bolgar, den nya hyresvärden har dock varit fantastisk i alla år. Här t.h skymtar två stugor för småbarnsgrupper.

Hon har tillåtit ombyggnader inne i huset, två småstugor för småbarn och inte haft några större hyreshöjningar. När Susannes familjeförhållanden ändrades för något år sedan, gick en familj som haft barn på Fridhem in och köpte halva huset så att Barnträdgården kunde få en trygg framtid.

Vår son skulle börja i klass ett på Sophiaskolan hösten -91. En förälder vi kände ringde och sa att man övervägde att inte låta honom börja. Det fick han dock tack vare Eva Österberg som skulle ta klass ett. Vi hade dock blivit paria. Underliga rykten om oss gick. I ett litet sammahang kan några få snabbt dra med sig andra i en negativ spiral.

Jag kunde börja arbeta så smått våren-92 på ett boende för förståndshandikappade i Degerberga. Eva blev gravid och vi beslöt oss för att flytta till Söderköping, på Anne Widmarks inrådan för att få lugn och ro.

En lärare blev sjuk på Hammarspångens Waldorfskola i Söderköping och skolan frågade om jag ville ta klassen, en 6-7:a. Vi avtalade att jag skulle ha klassen i två år. Jag skulle också ta hand om trähantverket på Anne Widmarks förskoleseminarie under helger och tiodagars sommarkurser som höll till på Ståthöga i Norrköping. Sedan skulle jag eventuellt börja en läkepedagogisk särklass med bl.a Aquilons dotter med downssyndrom i klass 1. Bengt ville starta den tillsammans med Göran Ekman, hantverkslärare på Ståthöga, som också hade barn i samma ålder. Den blev dock aldrig av.

I Söderköping blev jag efter ett tag kollegiets ordförande. Jag hade Gudmars äldste son i min klass!!! Vi trivdes fantastiskt och fick vår yngste son Rasmus. Eva var nu 45 och jag 47. Eftersom det inte blev någon läkepedagogisk klass visste vi inte vad vi skulle göra, när två år gått. Då ringer Eva Österberg, vår sons tidigare lärare, och frågar om jag skulle vilja börja som lärare i klass 1 på Sophiaskolan. Det ville jag, trots allt. Vi längtade hem. Det som hänt i Rörum hade på liknande sätt hänt den första läraren i Söderköping, hade jag fått veta. Jag förstod hur allt gått till. Oro för skolans och barnens framtid vid kris.

Jag hade nu mer koll på kursplanen och dess innehåll. Jag fick en klass 1 på Sophiaskolan med 18 elever, den första klassen utan B2 form. Ytterligare en son till Gudmar i min klass. Flera föräldrar hade haft storasyskon i min första 1-2-3 klass. Några kom och bad om ursäkt för vad som hänt tidigare. Jag blev snart åter vald till kollegiets ordförande

Sophiaskolan var nu inne i slutet av sin första 7-års period. Pionjärfasen var inte avslutad. Några grundskolelärare som hade gått i Modins waldorf-pedagogiska kurser hade anslutit sig. Det fanns en del kvar som borde komma på plats i denna fas. Den var inte ordentligt färdiggrundad. Skolan var inte med i Waldorfederationen. Man var inte med i Huvudmannaförbundet och Medarbetarförbundet. Lönerna var grundskolemässiga för vissa och långt under snittet för andra, lägre för de lägre klasserna tex. Det knorrades i korridorerna. Man hade dock beslutat sig för att bli friskola igen, nu med friskolepeng. Det var olika mening om ifall man skulle ha klasser över klass 6, alltså klass 7-9 i ett högstadium i fortsättningen. En lärare hade ett barn som gått över till grundskolans högstadium.

En byggnadsstiftelse hade bildats som köpt in skolanbyggnaderna, men hade en rad tokiga idéer om att flytta Fridhems Barnträdgårds verksamhet till nuvarande fritids, den gamla lärarbostaden. Var skulle då den kommande fritidsverksamheten ta vägen? En anställd på Fridhems Barnträdgård som var styrelsemedlem även här hade sett till att Fridhem sagt upp sitt hyreskontrakt, utan att lärarbostadens hyresgäster var uppsagda.......

Elevantalet var runt 60-65 och det var B2 klasser från klass 2 och uppåt. Skolan hade väldigt mycket som inte kommit på plats. Detta krävde en stor insats som jag fick sköta bredvid min klass. Hester Renouf som senare skulle hjälpa oss med det organisatoriska sa till mig att jag inte fick arbeta så många timmar.

Klass 3 har skrapat och målat äppelsträdstammarna med lera, kalk och yougurt

Kollegiet var inte så stort, ungefär som i Söderköping. Jag hade till en början krafter över och hade erfarenheter från Söderköping som nu kom till nytta. Jag betade av ovanstående problem ett efter ett och blev vald att sitta i styrelsen och senare i byggnadsgruppen. Jag såg till att skolan kom med i Waldorfskolefederationen och att vi anslöt oss till Huvudmannaförbundet och Medarbetarföreningen. Vi bad Hester Renouf, tidigare i SEA, hjälpa oss med lönesystemet. Vi lyckades genom ett första försök till ”lyssnade samtal”, där inte bara våra huvuden talade utan även våra hjärtan. Detta gick bra i början men ju fler vi senare blev dessto svårare blev det. (se sid 97) Vi kom fram till ett system med drag av Rudolf Steiners sociala behovslönesystem, men anpassat till våra och dagens förutsättningar. Det var frivilligt att ansluta sig. Någon som sedan länge haft grundskolelön fick behålla sin högre lön. Nu var alla mer jämlika. Detta hade avgörande betydelse när sedan skolpengen sänktes med 25%. Det fanns inga fackliga hinder, tack vare att vi hade ett färskt kollektivavtal mellan Medarbetarföreningen och Huvudmannaförbundet. Vi var ju både anställda och arbetgivare tillsammans. I Söderköping fungerade detta utmärkt. Där var även lekskolan, fritids, kansli och köket inbegripet och hade samma löner. Man var där ett team.

Vi fick naturligtvis neddragning av våra löner som redan var låga, lägre än på Fridhem. Vi fick hårda sparbeting av kassören. Dessa kändes ordentligt. På efterarbetsdagarna i juni ett år senare, meddelade kassören stolt att han lyckats spara 200 000 det året utan vår vetskap...... Det är lätt att ekonomin tar överhanden...........Kassören var ju en oavlönad förälder.

De tokiga planerna i byggnadsstiftelsen fick ett slut i och med att föräldrarna på Fridhem organiserade sig med hjälp av att Christine Hagen, Inger Lise Oelrich, Cathrine Westerlundh och Eva. De ansökte hos kommunen om att få starta en ny lekskola i Fridhems lokaler, som ju var uppsagda.

Det slutade med att en pedagog och medlem i Fridhems styrelse lämnade sin tjänst och flyttade. Fridhem kunde sedan fortsätta som tidigare med ny styrelse och nya pedagoger. Byggnadsstiftelsen på skolan omorganiserades och skolans lokaler skulle i fortsättningen skötas närmare knutet till kollegiet. Allt var inte friktionsfritt. Det tog på mina krafter att ha dubbla uppgifter.

Det fattades lokaler, bland annat för kanslisten som satt i det lilla lärarrummet, inget bibliotek fanns. Tidigare hade byggnadsstiftelsen utan större samråd med kollegiet planer på en utbyggnad rakt västerut, en förlängning av skolhusbyggnaden.

Med Marianne Wikanders och min medverkan lyckades vi få nuvarande lösning, men vi fick en del kritik för att ha anlitat en antroposofisk arkitekt från Järna. Nedan syns utbyggnaden.

Några lärare tyckte att det räckte med 6 klasser. Jag hävdade att skolan aldrig skulle hålla i längden och att vi aldrig skulle få ökat elevantal i varje klass. En lärare som gått på Modins kurser, började på skolan, men slutade. Hon började sedan ytterligare en gång. Vi visste inte riktigt var hon hörde hemma. Barbara Holmberg tog på sig uppgiften att bygga upp ett högstadium och fick engagerade fantastiska periodlärare, kända författare och konstnärer, periodlärare från andra waldorfskolor. Hon gjorde ett mycket stort arbete i klar motvind. Resultatet visade sig när de äldre eleverna, skolans första klass, kom in på Gymnasiet i Simrishamn. Där var de klart tongivande i elevråd, konstnärliga sammanhang och projekt, där egna initiativ krävs. De fick ett mycket gott rykte bland lärarna och bröt isen för framtida elever.

Det var till och med tal om att bygga på Sophiaskolan till och med klass 12, ett gymnasium. Man skulle då inte behöva känna trycket från kommunens pedagogik och betygsystem så starkt i vår klass åtta och nio. Hans Möller från Ellen Keyskolan bjöds in och höll ett välbesökt föredrag. Förutsättningarna och tiden var dock inte mogen. Man får dock inte glömma att Waldorfskolan till sin natur är en 12-årig skolform där helheten genomsyrar hela kursplanen. De äldre blir förebilder precis som 6-åringar i lekskolan.

Jag drev många av ovanstående frågor starkt och jag kände att skolans första 7-årsperiod gick mot sitt slut. Pionjärfasen. Nu gick vi in i nästa, där demokrati och organisation måste förändras och anpassas till våra lokala omständigheter och förutsättningar. Hester hade börjat en process med "lyssnande samtal". Dessa har sitt ursprung i Rudolf Steiners "arketypiska" samtalsform och intresset för och lyssnandet på "den andre". Grundidéerna har vidareutvecklats i holländarnas sociala impuls, bl.a. i Harrie Salmans bok som jag översatt nyligen. Denna samtalsform kräver träning, både i små grupper och enskild meditation. (se litteraturlista)

Hans Oelrich och jag bildar port vid terminstarten tillsammans med de äldre eleverna. En tradition från första året på skolan. Marie Louise Koch ses till vänster.

Ett stort antal föredrag och evenemang fanns runt skolan. Waldorfföreningen Panta Rei med Inger Lise Oelrich var verksam och ordnade föredrag och evenemang. Högskolan för antroposofi och Kristensamfundet var välkomna i skolan. Antroposofiskt inspirerade initiativ som matlagningskurser, surdegs- och mjölksyrningskurser med Hans Oelrich, studier i antroposofi och eurytmi med talgestaltning för föräldrar. Spelmanskurser ordnades på somrarna.

Herje Granberg hade en butik i ett mindre klassrum för Waldorfprylar. Vigs Ängar hade kurser i enkel hemsjukvård. Sophiabladet, en skoltidning, kom ut regelbundet i ett samarbete mellan lärare och föräldrar. Jul - och Påskbasarer var mycket välbesökta och uppskattade.

Skolan växte nu snabbt, mer än fördubblades på tre år, från ca. 60 till 160 elever. Den ena klassen efter den andra blev utan B2-form. Nu har skolan ca 220 elever.

Skolan strävade att vara en kulturimpuls på bred front med engagerande och utvecklande liv runt omkring. En kraft nerifrån som inte bara lydde myndighetskrav uppifrån. Det sociala livet frodades runt skolan i föräldrakretsen. Skjutsningar av barn förde föräldrar samman. Nyinflyttade familjer fördes snabbt in i ett sammanhang. Ridning och midsommarfirande i Ulf och Elisabeths gård på Haväng är ett exempel på detta.

Familjerna Nyström och Wikander, båda knutna till kollegiet, tog de första grundlägande spadtagen till Baskemölla Ekoby med gemensamma byggen, kurser i halmhusbyggen och ekologiskt byggande. De flesta husen byggdes av föräldrar på skolan. En lekskola byggdes i samma anda med Lisa Nyström som initiativtagare. Hon hade arbetat på Fridhem i flera år. En kraftig impuls för e-kologisk omställning. Gamla och nya Ekobyn hyser nu ett 50-tal familjer.

Musiklivet blomstrade eftersom många föräldrar och lärare hittade varandra och spelade tillsammans. Urvuxna kläder byttes, biodynamiska grönsaker sål-des på skolgården en gång i veckan.

Sophiaskolans 10- års jubileum, som finns inspelat på videokassett, är ett ex-empel på det föräldraengagemang och den konstnärliga kreativitet som lev-de.

En nias avslutningsfest i matsalen.

Nya lärare anställdes på löpande band. Vi erbjöd flera av dessa att gå waldorf-utbildningar om de inte skulle bli klasslärare. Blivande klasslärar gick i Sophia-seminariet som ju ambulerade i södra Sverige med stor framgång. Det fanns dock inte några färdigutbildade ännu.

Jag kände att en fördjupning av pedagogiken var nödvändig för oss alla. Vi fick äldreboendet Vigs Ängars antroposofiske läkare Martin Reder att bli skol-läkare och han försökte införa läkepedagogiska metoder för att hjälpa kolle-giet med alla de barn med särskilda behov som sökt sig till vår skola. Detta vurmade jag starkt för eftersom jag haft en OBS- klass i 4 år. I min egen klass hade jag minst 5 barn som idag skulle diagnostiserats med bokstavskombi-nationer. Tyvärr fick jag sällan gehör för det läkepedagogiska. Martin hade särskilt betonat att lärarens återblick av dagen och på de enskilda barnen före insomnandet på kvällen innan, hade stor betydelse för näst kommande dag. "Att arbeta över natten". Samtalen om enskilda barn fick väldigt lite utrymme. Orsaken till barnens problem hänvisades ofta enkelriktat till föräldrarna och deras sociala familjeförhållande och att detta inte var skolans problem. Precis samma syn hade jag mött i grundskolan.

Man får dock inte glömma att det i grundskolan utvecklats pedagogiska met-oder som dåvarande waldorflärarutbildningen saknade. Dessa metoder mås-te hur som helst anpassas till rätt ålder. Detta gäller tex i matematik med algoritmer och vad gäller läs- och skrivinlärning.

Jag fick kämpa för att eurytmin skulle få plats i budgeten varje år. Läkeeurytmi var det inte tal om. Vi fick tag i en gymnastiklärare med en viss Bothmer ut-bildning, tyvärr ställde hennes man orimliga krav på att få anställning på Frid-hem och ta hand om deras 6-åringar i separat grupp, vilket han haft på Mar-tinaskolan i Göteborg.

Regeringen med Göran Person flaggade för att tidigarelägga 6-åringars skol-start, efter EU-modell. Skolans kassör såg möjligheterna att kunna få in deras skolbidrag under skolans tak och fick med sig några lärare. Jag fick sätta emot allt vad jag kunde. Det var nu jag fick heta Mr. Waldorf. Jag åkte till ett gemensamt möte mellan representater för waldorflekskolor och skolor som hölls på Lärarhögskolan i Stockholm. Det leddes av Örjan Liebendörer och Geseke Lundgren. Geseke var också här nere och höll ett föredrag på Kafé Kagan. Hela upplägget är betingat av ekonomiska hänsynstagande, inte av pedagogiska. 6- åringar är i en fas där de behöver vara ledare, föredöme för de mindre barnen. Initiativtagare och regissörer av lekar med sin vaknande överblick. De är inte skolmogna, framför allt inte de som är födda under sommaren och därefter. Eva och jag hade erfarit detta tydligt under vår tid på lekskolan. De skall inte utsättas för inbördes konkurrens i en enda åldersgrupp, som det blir i en förskoleklass och att man börjar skolmässigt för tidigt, vilket lärare tvingas till med bara en ålder. Två 6-åringar på Fridhem skulle springa ikapp, men hejdade sig i rusningen och kom överens om att de var "snabbare än varanadra". Genial social lösning, som illustrerar deras motvilja mot konkurrens.

Lekskolorna fick kraftiga pedagogiska problem i avsaknaden av 6-åringar och många barn med särskilda behov har blivit ännu "särskildare" och oroliga, vilket sprider sig från de lägre klasserna och fortsatt uppåt i klasserna. Detta hade jag erfarenhet av när jag och PBU i Jordbro gick igenom OBS-klasselevernas skolhistoria i högstadiet. Det skolmässiga kom för tidigt. Väldigt många förskollärare i de kommunala verksamheterna var emot men hade inte kraft att säga ifrån mot Göran Person. Här lyckades Waldorflekskolorna hålla stången ett antal år, men penningens och myndigheters makt kan orsaka problem för förskolepedagogikens fria utveckling och särart. Att arbeta i förskoleklass ställer därför mycket stora krav på insikt i waldorfpedagogik för just denna ålder för att åtminstone dämpa effekterna.

Vi satte upp en opera "Den enda utvägen" inne på biografen Grand. Blivande föräldrarna Maria Cicionesi och hennes man Johannes Jansson hade skrivit manus och komponerat musiken till en opera och uppfört den i Nacka Musikgymnasium. Maria hade innan skolan startat tillverkat kulisser i ett av klassrummen. Eva Berglund som varit konsertpianist, ackompanjerade. Hela skolan, föräldrar, lärare var engagerade i olika roller, körsång, sy dräkter, transporter etc. Det var klass 8:as spel som utvidgades med flera klasser. Det blev en succé och satte skolan på kartan. Simrishamns grundskoleelever var också inbjudna. Stora rubriker och reportage i tidningen.

Det ökande antalet elever som åkte buss gillade inte busshållsplatsens placering intill bondgården med silon. Man genade över deras kohage upp till stora vägen. Det uppstod häftiga scener och kontroverser mellan markägaren och eleverna. Jag gick upp till "arga bonden", som barnen kallade honom, och talade med honom och hans far. Honom kände jag sedan tidigare när den nya vägen skulle byggas. Vi kom snabbt överens om att försöka få busshållplatsen flyttad till nuvarande läge. Vägverket tyckte dock inte alls som vi och det dröjde ända tills ett av barnen råkade ut för en olycka innan man fick fart.

Jag upplevde att skolan måste få ett starkare förhållande till antroposofin, annars skulle vi så småningom kanske bara bli en metodskola, waldorf light, en variant av grundskolan. Hela min bakgrund sade mig att vi måste vara ett tydligt alternativ och försöka hålla emot likriktande krafter. Några lärare träffades varje morgon för att läsa morgon- och veckospråk, men det var inte välbesökt. Jag försökte på alla sätt jag kunde, men jag hade ju inte själv den fördjupning som krävdes för att leda ett sådant arbete. Jag kom i klass 4 hem från Oslo och en vidareutbildning där under sommaren. Jag var full av entusiasm, men fick inget gehör. Sällan talade vi gemensamt om lärarmeditationen och lärarens inre själsskolning. Jag tog som kollegiestudium upp Zimmermans "Vilka är förutsättningarna för ett ansvarsfullt arbete i det fria kulturlivet?" Där talas om en platt, icke hierarkisk organisationsstruktur i skolan och om förbundenheten med den andliga världen.

Flera facklärare utan waldorfutbildning, som särskilt behövt höra dessa tankegångar, kom bara varannan gång till kollegiemötena. Min strävan var även att fördela arbetsuppgifter över hela kollegiet. Jag ville själv inte ha så många uppgifter, ville bli av med min ”faraoposition”och ägna mig åt min klass, min egen ofullständiga waldorfutbildning och min familj. Det märkliga var att samtidigt som jag arbetade på att få fler att ta på sig uppgifter, blev jag anklagad för att vara mr. Waldorf, han som bestämde allt. Det var dock inte så att jag själv hade lagt beslag på uppgifter. Jag hade blivit vald eller ombedd, fått mandat att driva frågor.

När jag en gång nämnde att man på kvällen i sin elevåterblick särskilt kunde ägna sig åt en elev med problem och låta det verka “över natten“, fick en av nyss nämnda lärare spader, det var för antroposofiskt för honom. Han hade som villkor för sin anställning haft krav på att gå en waldorfpåbyggnad, men hoppat av. Detta “över natten“ var det skolläkaren Martin Reder hade talat om. Läraren lyckades senare få till en omröstning om skolan skulle byta namn och kalla sig waldorfinspirerad. Röstningen slutade dock med ett nej. Jag ville att vi skulle dela på uppgifterna tills skolan var tillräckligt stor för att anställa en administratör, koordinator.

Eftersom så många anställts utan waldorfutbildning, ville jag att en antroposofisk konsult, tex Hester Renouf, som varit här tidigare, skulle hjälpa oss vidare in i det organisatoriska, eftersom jag visste att det organisatoriska tillhörde den här 7-års periodens problematik. Det röstades ner och fackläraren tog själv på sig att anlita en näringslivskonsult istället. Denna hade ingen erfarenhet eller inblick i waldorfkultur. Hon höll till på Smedstorps slott. Det blev katastrof och jag förstod att jag måste dra mig tillbaka helt. Jag var ett rött skynke för några, som ryckte med sig andra. Den nya anda som nu blev förhärskande kunde jag inte ta ansvar för och jag hade tydligen inte heller förmåga att inspirera och entusiasmera till nytänkande. Den nya grundstämningen hade jag tidigare mött i näringslivet och senare i grundskolan. Det var ju den jag succesivt velat omvandla...

Ett misstag jag gjorde, eller oförmåga jag hade, när så många nya anställdes, var att inte förebygga att det blev en klyfta mellan de lärare som hade antroposofi eller waldorfpedagogisk utbildning som bakgrund och de som inte hade det. Ett vi och dom. Detta har varit vanligt i den "waldorfska" skolvärlden, eftersom waldorflärarutbildning måste ske så ideelt under många år. Det fanns väldigt få utbildade. Jag kom själv att vara bryggan mellan två sådana "vi och dom" positioneringar i Söderköping som dess ordförande och kunde där själv känna ett utanförskap med min egen brist på utbildning. Denna erfarenhet glömde jag kanske bort och genomskådade inte situationen riktigt klart i tid när skolan växte så snabbt. Det är jobbigt för en icke waldorfutbildad att möta en ny kultur, att inte förstå koden och kanske inbilla sig att man snabbt måste bli antroposof för att passa in. Det är lika jobbigt för waldorfutbildade och de som är förankrade i antroposofin att inte möta respekt för skolans stadgar och ursprung. Liksom det är för föräldrar som valt en tydlig waldorfinriktning, rent av flyttat hit av den anledningen. Öppna samtal om detta med stora öron skulle behövts. För mig var det viktigt att de från kollegiet som valts till personalgrupp och som förbereder anställningar, är väl insatta i skolans bakgrund och ändamål. Jag tror att den närmaste tidens kommande svårigheter vad gäller skolpeng och pedagogiskt innehåll bäst kan mötas med att framhålla waldorfpedagogikens särprofil och det nära samarbetet med förskolorna.

Mellby Ateliéer och Joloms lokaler i Gärsnäs användes vid månads fester.
Både föräldrar och elever fick fortfarande plats.

Det är lätt att tappa överblicken när enskilda kraftfulla föräldrakrav och myndigheter trycker på. Jag gjorde nog också misstaget att ha andra waldorfskolor och det jag läst i Hans Möllers och Frans Carlgrens böcker som "modell". En modell som skulle efterhärmas. Trycket från Walter Liebendörfer, Karin Modin och vad jag trodde federationen önskade spökade. Jag skulle kanske låtit vår situation här och nu varit ännu mer bestämmande? Jag kände pressen på mig samtidigt som mina krafter höll på att sina.

Ingvar Wikander med sin klass

Marianne Wikander delar ut läsårsbrev utanför Rörums kyrka

Catharina Nylander tar emot ett paket. Karin Modin alltid färgsprakande.
Rörums Kyrka användes för sommaravslutningar.

Mellby Kyrka användes också, här finns det fler platser

Jag kände också att jag inte hade mer att ge. Min pionjärtid var slut och jag hade inte kraft att fortsätta in i nästa fas. Jag hade i alla fall påbörjat dess första år. Skolan hade ju sitt ursprung i Karin och Holger Modins kurser för grundskollärare. Jag hade inbillat mig att våra negativa erfarenheter från grundskolan och mina negativa erfarenheter från näringslivets hierarkiska organisationsformer skulle kunna komma till nytta i denna fas, så att skolan skulle få en mer fördjupad och jämlik inriktning och att vi tillsammans stapplande ödmjukt och vördnadsfullt kunde gå en sådan väg framåt. Med en plattare organisationsform som främjar kreativitet.

Som ordförande under dessa dramatiska tre och ett halvt år fick jag ta emot önskemål, problem och synpunkter från elever, lärare och föräldrar. Det var jag som ansågs ha ansvaret i praktiken. Formellt var det egentligen styrelsens ordförande. Min uppgift var att ta upp dessa ärenden i kollegiet, styrelsen och byggnadsgruppen. När antalet lärare, föräldrar och elever växte blev ärendena lavinartat allt fler. Skolan växte från 60-65 till 160 elever. Många trodde att det var jag som tog besluten, framförallt bland nya lärare. Så var det inte. För utom kollegium, styrelse och byggrupp fanns det ingen pesonalgrupp eller andra mandatgrupper som elevård, förtroendegrupp. Det fanns inte heller någon lönegrupp, någon för myndighetskontakter, studiedagsförberedande, kollegieförberedande, personalutbildning, mentorer etc, etc. Det var detta jag så småningom ville få till en struktur på, men jag fick inget gehör för det. Som företagsekonom såg jag att detta saknades. Det tillhörde den andra 7-års perioden i en verksamhets utveckling, det hade holländaren Lievgood lärt mig. Jag hade samtalat med organisationskonsulten Hester Renouf om detta, men hon fick ju inte kommat hit.

Mitt misstag var kanske att jag ville för mycket, ville ha snabba resultat. Både av mig själv och andra. Jag var uppfostrad med projekt, budgetar och resultat. Det stressade nog både mig själv och andra.

*Jag kände i alla fall att jag misslyckats och inte heller blev förstådd. Jag blev bitter. Jag förstod vad Walther Liebendörfer syftade på när han varnade mig för att starta skolan. Nu efteråt förstår jag emellertid att jag **också** hade rätt som hade modet att göra det. Walter lär dock senare ha sagt att skolstarten var befogad. Det förstår jag nu 33 år efteråt och av Kristoffesseminariets pedagogiska ledare Elisabeth Ahlbergs uppfattning att skolsstart låg i tiden. Skolbyggnaden tex hade inte funnits kvar för oss. Just dessa första föräldrar och deras mod kanske inte heller. Skolverket skulle förmodligen inte godkänna en skola med 10 elever och 4 i kö. Allt skulle inte för evigt utgå från Järna. Nu gällde periferin och uppgiften att vara en aktiv del i samhället, inte bara i det något isolerade Järna. Sophiaskolan var lite av en "avknoppning" till Kristoff-erskolan. Fler lärare kom därifrån några år senare, Karin Sedergren, Mikael von Gersdorf, Lena och Sven Bergvall.*

Hans Möller och Frans Carlgrens tankar om att "luckra upp" det statligt-/kommunala monopolet och utsätta skolor för konkurrens, levde starkt i mig. Naturens mångfald gäller även i skolvärlden. I Simrishamn har detta i viss mån lyckats. Nils Holgersonskolan är en avknoppning från Sophiaskolan och Hammenhögs friskola hade fritt fram. De fria förskolorna kom en efter en efter Evas och Louise Coldings pionjärinsats. Kulturlivet här har fått en injektion. Ett stort antal familjer har flyttat hit och blivit en initiativrik del av den Österlenska kulturen och det småskaliga näringslivet.

Jag slutade på Sophiaskolan efter klass 4. Krafterna var återigen slut. Nu var det upp till Sophiaskolans dolt inbyggda grundskolekultur att ta sig ur den, vilket jag tror alltmer kommer att krävas under de närmaste årens stora utmaningar. Att en waldorfskola har kraft och mod att stå för pedagogikens grundidéer om barnens utveckling.

Det är viktigt för den enskilde med självkännedom, att känna till sitt livs historia, sin röda tråd. LIka viktigt är det för en verksamhet att alla känner till dess historia, dess röda tråd, dess andliga uppdrag. "Självkännedom" kan förklara vad ens uppdrag går ut på, om man är på rätt plats..

Jag fick så småningom dock nytta av dessa erfarenheter på Fridhems Barnträdgård under några år. Denna var nu sprängfylld när jag fick anställning där igen i köket, småbarnsgrupper var på väg att bildas. Barn stod i kö. Flera lekskolefröknar ville att vi skulle bygga nytt. Jag fick i uppdrag att söka plats och ordna arkitektritningar. Jag lyckades köpa en äppelodling intill Sophiaskolan. När Sophiaskolans vind brann fick skolan köpa tomten, så att tillfälliga baracker och hantverkslokaler kunde sättas upp, lekplan anläggas. Fridhem fick expandera med nya små hus för småbarnen och en ny verksamhetsform med större medarbetarinflytande. Stiftelsen ombildades till en Medarbetarförening, där alla var med i styrelsen. Medarbetare fick större ansvar, insyn och arbetsglädje.

Jag trodde att min tid på Sophiaskolan var slut. Att jag nu skulle ägna mig åt att vara "förebild" på lekskolan. Anne Widmark hade somrarna -87-88 talat om vikten av det Faderliga och det Moderliga. Eva och jag såg det som vår uppgift. Vi kopplade på den tiden ännu inte detta till namnet Sophia och Moder Jord. Till en mer "moderlig, matriarkal" kultur, som jag tror vår tid kräver i framtiden. Ja, redan nu.

Mitt intresse för det läkepedagogiska och eurytmin kom mig emellertid att än en gång lockas till skolan. På lekskolan fanns flera barn, som jag anade skulle få problem när de började sin skolgång. Jag visste att många föräldrar med barn med särskilda behov sökte sig till Sophiaskolan. Flera klasser hade haft stora problem och haft läkepedagogiska konsulter i klasserna på besök. Flera klasser hade fått byta lärare och blivande klass 5 hade bytt fyra gånger.

Jag hade sett nackdelarna med den ensidigt intellektuella undervisningen i min egen skolgång i Wallenbergarnas Sigtunaskolan, på Lärarhögskolan och under min tid som lärare inom grundskolan. Jag hade upplevt 3 olika inspektioner från Skolmyndigheter som starkt bevakade att barnens huvud skulle proppas fulla i allt för tidig ålder. Jag hade arbetat i OBS klass där konsekvenserna av detta var slående. Jag hade arbetat som klassföreståndare på högstadiet, där betygsystemet klart påverkade det sociala klimatet med konkurrens, självhävdelse samt nedvärdering och skoltrötthet. Kunde jag i skolans nya tredje 7-årsperiod göra någonting för att motverka den press grundskolans dolda läroplan ställer på en friskkola både inifrån och utifrån/-uppifrån? Jag kallar den IQ-undervisning. Denna är naturligtvis nödvändig, men ska inte tvingas fram på bekostnad av EQ, (emotionell inteligens). Eleven måste vara i centrum inte enbart samhällsbehov. En skola borde bidra med förnyelse inte vara en spegling, som reproducerar det bestående samhället, särskilt inte i vår tid. Detta var Rudolf Steiner grundtanke med Waldorfpedagogiken. Patriakal kall intellektualism behöver ersättas med läkande och socialt värmande element i vår tid.

Dessa kanske radikala tankar, som ju var min röda tråd i livet, låg i bakhuvudet när jag på våren 2003 fick förfrågan via Karin Sedergren om att ta hand om blivande klass 5. Jag blev kallad till intervju med hela kollegiet. Jag erbjöds ingen fast anställning utan en provanställning. Det var förödmjukande. Eftersom jag var känd på skolan sedan tidigare, avböjde jag detta direkt, ett sådant förfarande är dessutom olagligt. Jag var ju tvungen att säga upp mig på Fridhem så att någon annan skulle kunna ta mina uppgifter. Vid 56-års ålder tar man inte längre sådana risker om man inte möter större förtroende. Någon månad senare fick jag dock åter förfrågan och hade samtal med två representanter för kolllegiet och som ingick i personalgruppen. De gick med på fast anställning och bad om ursäkt. Jag ställde dock vissa krav för att börja. Jag ville göra något åt situationen för de många barnen med särskilda behov på sikt. Det skulle nu bli min framtida uppgift. Den stämde med mitt livs röda tråd och att jag nyligen gått på läkepedagogisk deltidsutbildning på Ståthöga i två år. Jag gick med på att ta klassen under två år med 75% tjänst, att jag därefter skulle få en speciallärartjänst, att jag skulle leda ett läkepedagogiskt minikollegium med de många assistenterna. Jag hade erfarenhet från min

OBS-klass att leda "assistenter", ungdomar och såg dem som eventuellt blivande lärare som gjorde en nyttig förberedande praktik.

Jag hade också som krav att jag skulle få välja assistent i min egen klass 5. Detta accepterades. Att jag själv ville välja assistent var särskilt viktigt eftersom en assistent i klass 5 tidigare varit anställd av ett privat behandlingshem, inte av skolan, men arbetade där. En underlig anställningsform. Henne kände jag väl till sedan gammalt och kunde godkänna. Jag ville ha kontroll över vilken pedagogik som skulle råda i mitt klassrum. Jag såg risken med dubbla lojaliteter vid ett byte av assistent.

Jag gjorde hembesök, åkte till Oslo för vidareutbildning. Klass fem var den enda årskurs jag inte haft innan. På lärardagarna innan skolstart kom avtalet med de två från personalgruppen upp. Detta hade godkänts på ett extra kollegiemöte under sommaren, efter ett samtal mellan MF:s Ivar Hekscher och en av lärarna. Han var inte närvarande på förarbetsdagarna och hade nu avgått från personalgruppen. Överenskommelsen om mina frammtida arbetsuppgifter revs nu upp.........Jag var chockad. Vad skulle jag göra? Skulle barnen stå utan lärare igen? Hur skulle det påverka skolans rykte? Jag kunde inte heller gå tillbaka till Fridhem. Många gånger har jag undrat varför jag inte gick ifrån mötet i protest och inte börjat på skolan igen.

Jag hade dock haft samtal med assistenten och Britta Haksten. Jag visste att vi skulle arbeta bra ihop som team. Jag hade träffat de flesta barnen. Jag kände flera av dem och deras föräldrar. Jag kände mig tvungen att acceptera läget. Jag visste också att Reintraut Andersson skulle ha eurytmi i klassen, även om hon var pensionär. Hon var dessutom läkepedagog och skulle hjälpa en handikappad elev.

Jag ser nu så här efteråt att jag då hade kommit in i första året av skolans tredje 7-års fas. Vad innebär den? Rent abstrakt: att bryta sig ur tankemönster och handlingsmönster som hör till föregående kulturperioder och hitta nya former istället för de mönster och traditioner som tex utvecklades under den grekisk/-latinska/medeltids perioden. Alltså kyrkans och den gamla åskådningspedagogikens traditioner, som utvecklats för att förse kyrkan och staten med skrivare och tjänstemän, inte för att uppfostra fria människor. Jag ville ju skapa ett alternativ till denna.

Arbetet i klassen var en dröm. Teamet runt klassen fungerade fantastiskt. Vi samarbetade med Reintraut. Klassen svetsades snabbt ihop. Jag använde jonglering med bollar som medel för att få eleverna att förstå att jag prioriterade ansträngningen inte talangen. Att göra sitt bästa efter förmåga. Alla blev lika värda. De talangfulla kunde hjälpa de som hade det svårt. Det var inte bara traditionell skolduktighet som gällde. Ofta var det nu ombytta roller. Ingen rangordning. Ibland ställde vi oss i ring i klassrummet när skoldagen var slut och jag läste en vers som jag hade läst i klass ett till tre, men som nu passade i just denna klass som haft så många lärarbyten och så många speciella elever och en knepig social konstellation.

Vad jag nu fått lära

vill jag i mitt hjärta bära

så att jag kan hjälpa andra

som på denna jorden vandra.

När någon slog sitt eget jongleringsrekord applåderades vid uppvisningarna. Jonglerandet och andra övningar med bollar i waldorfpedagogiken har sitt ursprung i Bothmergymnastiken och är starkt socialt befrämjande. Det har jag sett i tre olika klasser och påmints om när jag nu gör regelbunden Bothmer gymnastik i en grupp med ledaren Per Linden Thell. Terapeutiskt socialt förebyggande och anpassad för klass 3 och uppåt för kroppskännedom. Precis som i matematik och formteckning utgår även det sociala utifrån det kroppsliga. Ett utmärkt komplement till eurytmi. Att arbetet i klassen gick så bra hade vi också Reintraut med sin eurytmi att tacka för. Den sociala utvecklingen i klassen fick ett starkt stöd. Att till slut lyckas med något rytmiskt tillsammans skapar en vi känsla, som sprider sig in i allt annat. "Alla är med i båten"

Snart visade det sig att läraren som hade tyska inte klarade sin uppgift. Brita Haksten fick ta den och jag fick ta hennes engelska. Jag var motvilligt tvungen att gå upp till 100% tjänst. Personalgruppen såg ingen annan möjlighet. Jag ställde som motkrav att överenskommelsen från sommaren skulle gälla. Detta godtogs och anställningsbevis skrevs.

I klassen fanns ett flertal elever med särskilda behov. Två av dem kom från nyss nämnda behandlingshem med sociala placeringar, en av dem hade assistent. "Föreståndaren" på behandlingshemmet arbetade även på skolan som assistent i en annan klass. Han tryckte under hela hösten på med att han ville ha ytterligare en assistent i vår klass till ett av "hans" barn. Han arbetade efter en särskild pedagogisk inriktning, som skiljde sig från waldorfpedagogik. Under hösten gjorde vi flera utflykter, även med övernattning. Vi skrev till föräldrarna att vi inte behövde deras medverkan och att vi ville svetsa samman oss som grupp, att detta var syftet med utflykterna. Detta trotsade han och dök helt oväntat upp i gruppen. Det gick inte att inför barnen bråka om detta. Jag tog upp problematiken med mina mentorer Karin Sedergren och Mikael von Gersdorf, kollegiets ordförande.

Under hela terminen trakasserade han assistenten (hennes uttryck) och ville byta ut henne, som jag samarbetade med så bra och krävde nu i kollegiet att dessutom sätta in ytterligare en assistent i klassen, båda från hemmets familj. Detta var uppenbarligen en familjeangelägenhet som pressades på skolan och klassen. Han hade en mycket speciell position på skolan. Han hade ytterligare två barn på skolan. Han var representant i riksorganisationen för waldorfföräldrar, nybliven konsult på skolan för barn med särskilda behov, medlem i förtroenderådet på skolan. Jag hade tydligen trampat in på hans och även det traditionella speciallärskapets intressefär. Var mitt arbetsätt ett hot? Vågade skolan stå emot trycket med så många skolpengar i farozonen. Reintraut och teamet ansåg inte att det behövdes någon ytterligare assistent i klassrummet. Reintraut var dessutom irriterad över samarbetet med behandlingshemmet som inte hade samma åsikter om elevens läkeeurytmi, användning av gåstol m.m. Vi ville dessutom att skolan skulle anställa den assistent vi redan hade, vilket hon själv ville. Jag fick leva med osäkerheten fram till februarilovet. Vid anställningen hade jag ju särskilt blivit lovad att själv få bestämma assistent. Jag kände att mitt klasslärarmandat och min integritet inte respekterades.

Problemet togs upp på kollegiet ett flertal gånger men jag fick inget besked. Jag levde en längre tid med osäkerheten och mycket blandade känslor. Jag blev ideligen påmind om hela anställningsförfarandet med brutna löften. Jag kände inget kollegialt stöd, trots att många lovordat min insats med klassen och att föräldrarna var mycket nöjda. Jag klarade klassen bra fram till dagen före februarilovet, då jag blev kallad till ett möte med mig och en kollega och familjehemmet, återigen pressades på för byte av assistent och ytterligare en assistent. Om inte kraven godkändes skulle man ta barn ur skolan. Kollegan, som även representerade skolan vid min anställning, stöttade mig nu inte alls. Kolllegiet skulle ta upp detta efter lovet.

Under februarilovet blev jag sjuk med hög feber och ett plötsligt tillslag i huvudet. Sedan dess har jag levt med tinnitus, som jag nu dock lärt mig behärska något, men som ständigt ligger på lur.

Jag var tvungen att meddela kollegiet, vis av tidigare dåliga erfarenheter på skolan, att jag inte kunde riskera min hälsa mer i klassen under de här omständigheterna och bad om omplacering. Föräldrarna träffades och skrev ett brev till kollegiet, barnen likaså och var mycket upprörda att jag skulle lämna klassen. De visste hur turerna hade gått och hade insyn i vad som föregick i kollegiet, eftersom en av dem var lärare i kollegiet. Det fanns tre waldorfutbildade föräldrar i klassen. De ville absolut ha tillbaka mig i klassen, men då var det för sent.

Det tog sedan kollegiet tre möten innan man kom fram till att behandlingshemmet inte skulle bestämma vilken assistent klassen skulle ha. Behandlingshemmet verkställde sitt hot och tog ut ett av barnen ur klassen.

Karin Sedergren försökte hela tiden stötta mig, hon hade själv haft erfarenhet av "föreståndaren". En konsult som tidigare varit i klassen, Torgunn Finnseth Alm, hade också efterlyst ett mer läkepedagogiskt arbetssätt med barnen och ifrågasatt hans stora inflytande.

Varför skriver jag så utförligt om detta? Naturligtvis däför att det drabbat mig och min familj så hårt. Men också för att jag vill att man i framtiden skall förstå hur snett det kan gå när lyhördhet inte finns för den enskilde anställde. När det lyssnande inte är utvecklat, som jag beskrivit på flera ställen. Detta hör till det som måste utvecklas i den andra 7-års perioden i en skolas liv, regler, lagar rutiner men också detta lyssnandets kultur. Om det inte utvecklats rätt lever det kvar och får svåra följder. Det ger också en bild av vad som händer när egna agendor tillåts få utrymme, oavsett om det kommer från lärare eller föräldrar. Eva och jag har inte namngivit personer som varit inblandade. Vi vill inte hänga ut någon och det hände för så länge sedan. Det handlar om ett strukturellt fenomen i många idéella sammanhang, som en organisationskultur måste skydda den enskilde från.

Jag blev ett personalärende. Turer fram och tillbaka med försäkringskassan. Jag begärde omplacering till Fritids. Det handlade om liknande uppgifter jag även haft på Fridhem. Den fackliga Medarbetarföreningens ombud Per Hallström kom ner. Vid ett möte med personalföreträdaren, blev jag anklagad för att vara psykiskt sjuk. Han var tidigare gift med föreståndaren på fritids. Per Hallström talade om att det dåliga bemötandet jag fått skulle ge 2-300 000 i skadestånd om den togs upp i arbetsdomstolen. Det var andra gången jag skulle kunnat få en sådan summa. Turerna kring min omplacering tog över nio månader, där inget blev klart var jag skulle vara. Något tal om läkepedagogik blev det aldrig. Det var ju därför jag kommit tillbaka till skolan. Jag mådde allt sämre. Tinnitus ökade. Sömnsvårigheter med andningsuppehåll och bettskena, migrän blev följden under flera år. Sedan dess har jag bara kunnat arbeta 50%, under långa perioder en-dast 25%, fram till min pensionering vid 67 års ålder.

Efter ett fruktansvärt möte på försäkringskassan i november beslöt jag och Eva, som var med som stöd, att ge upp. Yrkesinspektionen hade varit på skolan för inspektion och funnit allvarliga brister i personalhanteringen redan 1998, det gällde bla den stora omsättningen i personalgruppen och dess sammansättning och kompetens. Den hade inte förändrats.

Lena Brodal från SEA som hade anlitats som konsult av MF talade om att många lärare kände skuld. Per Hallström (MF) ringde så småningom upp mig och frågade om han fick använda mitt ”fall” som åskådliggörande exempel och motivering för inrättandet av en fond. Till fonden skulle waldorfpedagogiska skolor och institut bidra efter storlek och förmåga. Medlen skulle utbetalas till enskilda medlemmar i MF, som blivit illa behandlade och där MF inte kunnat kräva skadestånd. Att MF inte kunde kräva skadestånd, sa han, be-rodde på att man då skulle förlora medlemmar på den aktuella arbetsplatsen, då dessa samtidigt har en arbetsgivarroll.....................

Jag gjorde vad jag kunde för att påbörja och främja läkepedagogiska insatser, det låg i min lärarbanas historia, men det läkepedagogiska var få intresserade av i början på denna 7-års period. Trots att att så många barn, som inte var förstådda, gick på Sophiaskolan. Det var heller inte konstigt att så många lärare mådde dåligt. Sju sjuka samtidigt fick Försäkringskassan att ta dit Yrkesinspektionen ytterligare en gång. Det var andra gången sedan 1998. Det var tredje gången jag fått lämna en klass av orsaker som inte berodde på min lärarinsats. Alla tre gångerna hade personer som inte stod waldorfpedagogikens grundidéer nära tillåtits få ett stort inflytande med egna privata agendor i organisationen.

Den svåraste tiden i mitt liv var åren efter jag slutat på skolan. Varje gång jag åkte förbi skolan, varje gång jag städade min sons klassrum dök motstridiga känslor upp med bitterhet och jag fick arbeta mig fram till att skolan ändå fanns till, till glädje för allt fler barn. Känslan av misslyckande blandad med vetskapen om att skolan ändå kommit till.

Fonden som Medarbetarförbundet ville skapa blev aldrig av och vi som hamnat mellan stolarna har själva fått betala konsekvenserna både ekonomiskt och med vår hälsa. Många med pionjärroll har råkat ut för liknande i Norrköping, Söderköping, Kalmar, Växjö, Lund och Ellen Keyskolan. Växjö, Helsingborg, Dormsjö, VigsÄngar. Solvända.

Alldeles innan vi startade Fridhems Barnträdgård, sa en erfaren pedagog från Stockholm, som var på besök: "Ni skall veta att när ni som pionjärer skapar något nytt kommer ni förr eller senare att hamna i "centrifugen"och det gjorde vi med råge. Tre gånger på Sophiaskolan.

En skillnad mellan kollegiearbetet på Fridhem och på Sophiaskolan var att samtalskulturen var annorlunda. På lekskolan, och även i Söderköping med sina förskollärare i kollegiet, där lyssnade man mer färdigt, avbröt inte, "lät det sagda stå i rummet" ett tag. Sög på det även om man spontant kanske hade en annan infallsvinkel eller åsikt. Det var mer "lyssnande samtal". Introducerat av Hester Renouf. På Sophiaskolan blev det alltmer väl förberedda "korridorbeslut" i små kotterier som man sedan gick in och försökte driva igenom. I kollegiet drevs då "politik" istället för lyssnande.

Var fanns hjärteimpulsen i skolan? Det kändes iskallt. Var det fler som hade det svårt i våra klassrum. Jag vet att läraren i klassrummet intill hade stora bekymmer. Hon var ung, utbildad grundskolärare och gått Sophiaseminariet klart och hade flera barn i sin klass med bekymmer att bli förstådda. Var jag till något stöd för henne? Hon kroknade så småningom. Hade vi alla svårt att hålla näsan över vattenytan? Många föräldrar med barn med svårigheter hade desperat sökt sig till vår skola från grundskolan. Fanns det något vi kunde möta dem med som inte fanns i grundskkolan? Läroplanen var ett stöd, skolans "lagoma" storlek och placering, föräldrarnas engagemang och medverkan likaså. Men detta räckte tydligen inte. Var fanns elevvården var fanns personalvården? Vi mötte varandra mest med våra huvuden. Våra hjärtan fanns sällan med. Trodde vi att vi skullle klara waldorfpedagogik utan att ta skolans ursprung på allvar? Harrie Salman skriver om "kunskapskulten", eller den "omvända kulten" i sin bok. (se litteraturlistan) Kan den vara ett frö för framtiden till en ny Sophiakultur? Jag tror lösningen på våra problem alltid finns mitt emellan oss, här och nu, i samtalet, i det lyssnande samtalet, om vi förstår dess mekanismer och succesivt tränar oss i mindre grupper till en början. (Se sid 97 och 104).

Trots alla svårigheter jag hamnat i ångrar jag inte att jag gav mig in i grundandet av Sophiaskolan, utan är väldigt tacksam för vad jag fått vara med om. Allt atbete med eleverna och föräldrarna har varit ett ett stort glädjeämne.

En räddande ängel dök upp så småningom från Fridhem och erbjöd mig en 25%ig uppgift, som ibland växte till 50%. Eva och jag arbetade nu inte med den Moderliga och Faderliga rollen utan mer med Mormoderliga och Morfadderliga uppgifter fram till vår pensionering. En fantastisk tid, med omväxlande arbetsuppgifter, allt från barnens mellanmål, utflykter med sexåringar, ekonomisk redovisning, bygge av hus till småbarnsavdelning, ombyggnad av kök, vaktmästeri, omstrukturering av löner och omvandling av stiftelse till medarbetarförening, där alla medarbetare kunde växla uppgifter allt efter förmågor och hade samma grundlöner. Inget kommunalt fack eller stor fackföreing som kom och gjorde oss olika.

Fritids första tid Evas Berättelse

Vi har nu delat minnen och sökt oss fram till vad som hände och hur det ska formuleras och vad som inte ska tas med. Jag har försökt undvika en del av historien som handlar om min tid på skolan. Men det är en pusselbit som kommer att saknas och den har skavt i min hand en tid. Den handlar om Sophiaskolans fritidshem och min tid som pedagog där, under tre och ett halvt år. Hur hamnade jag där? Jag hade tagit mig an ett alltför omsorgskrävande barn i min barngrupp på Fridhem, utan att inse att en assistent hade behövts. Höll ut för länge. Under -99 var jag helt utmattad. Blev slutligen sjukskriven och förstod med sorg att jag inte skulle klara av att återvända till förskolan.

Så kom en tid av återhämtning och arbetslöshet. Vårt yngsta barn gick nu i klass två på Sophiaskolan. Jag repade mig och ett nytt arbetstillfälle visade sig. Sophiaskolan sökte hösten-00 personalförstärkning till det nystartade fritidshemmet. Äldre barn, 50% tjänst. Det skulle vara roligt att möta de barn jag tidigare hade lärt känna på förskolan. Efter min ansökan hade jag ett samtal med en lärare från personalgruppen på skolgården. Fick då veta att man trots min ålder, 53 år, var intresserad av att anställa mig då jag var utbildad waldorfförskollärare. Man ville att jag skulle "styra upp" verksamheten och ge den en waldorfinriktning. Fritids hade en enda anställd, som hade en tjänst på 80%. Hon var positiv till att jag kom. Hon hade tidigare haft sina barn på Fridhem och visste vem jag var.

Endast elever från klass 1-3 fick då en plats. Fritids lokaler var i en av lägenheterna med fyra rum och hall, kök och badrum. Hennes ex. man som var snickarkunnig tillverkade hängare till vårt minsta rum för ytterkläder. Trapphallen med stengolv löpte från ingången upp till övervåningen. Där blev ett fruktansvärt ekande oljud och till slut fick vi äntligen upp akustikplattor.

Min kollega var den enda anställda i verksamheten och hon kände sig utanför och isolerad från övriga skolan. Hon hade inte heller den tryggheten som en yrkesutbildning hade kunnat ge. Jag lyssnade och stöttade och vi ordnade ett föräldramöte i november. 35 barn var då inskrivna. På mötet informerade vi om vår arbetssituation och några föräldrar var oroade över de knappa resurser vi hade. Man undrade om skolan tog fritidsverksamheten på allvar och skrev senare ett brev till kollegiet. Vi hade 50 min. gemensam planeringstid i veckan! Med våra arbetstider kunde vi inte vara med på några kollegier, planera, fortbilda oss eller prata om barnen. En helt annan situation än jag var van vid från förskolan. Vi fick information om kollegiebeslut genom kopia på kollegieprotokollen.

Föräldrarna var dock nöjda med vårt arbete och barnen älskade att vara där. Det var en möjlighet för barn som bor på landet utan nära grannar att få social träning menade man. Vår budget gick just då back då skolan gjort en miss i ansökan och bidraget till mellamålet räckte inte till att ge barnen mjölk. De fick ekokogisk saft till smörgåsarna. Vi fick bara halva bidraget dvs. 2 kr/ per dag och barn till mellanmål.

Min kollega skötte alla inköp och mellanmålet blev senare år, när mer pengar avsatts, ekologiskt och mer närande. Vi fick så småningom lite bidrag till inredning och barnen fick alltmer material, spel mm. Böcker hade skänkts och vi lånade på biblioteket. Utemiljön fick lekredskap och trädgårdsbord för mellanmål utomhus. Vi fick alltfler barn och de äldre som kom fick vara ute och vänta tills det blev plats vid matborden. Vi ville erbjuda ett spännande alternativ utomhus även då det var lite kallt och ruggigt. Vi fick pengar till en stor tippi med eldplats i mitten. Till ett hönshus byggt av klass tre på vårt område köpte vi höns och sålde ägg, en tid. Det var nu så många barn att lokalen var för trång och en bred öppning i en mellanvägg till grannlägenheten togs upp. Barnen fick nu ett stort rum för målning och annat och en toalett till.

En förälder anställdes på timlön för att hjälpa till med mellanmålet mitt på dagen. En del barn behövde vara hos oss på loven och då lagade vi mat i det lilla köket. På väggen där fanns ett jättestort schema med alla barnens tider och våra egna. Vi städade varje dag. Vi kände oss dock pressade av de deltidstjänster vi hade och att vi inte hann med annat än bara klara av dagen.

Vi funderade på om det inte skulle vara bättre att vara fristående från skolan. Att fritids skulle ha eget ekonomiskt ansvar för att kunna få en förutsägbar ekonomi och handlingsfrihet. Vi lämnade ett förslag till skolan, fritids ekonomin var i balans. En styrelseledamot och kassören hade nyligen gått igenom den med oss. Vi fick i januari positivt besked från styrelsen. Ett samarbetsavtal och ett hyresavtal skulle upprättas mellan fritids och skolan. Vi skulle betala 6 000 kr/ mån i hyra! En jurist skulle anlitas för att reda ut allt. Styrelsen uppmanade oss i april att söka eget tillstånd hos kommunen. Vi hade fullt upp med barnen och det hela rann ut i sanden. Det var egentligen tur att vi inte lade mer kraft och tid på saken. Vi skulle naturligtvis inte fått tillstånd av kommunen då min kollega som hade den större tjänsten inte hade pedagogisk utbildning.

Det blev allt fler barn och vi hade en stor yta utomhus att bevaka. Som tur var hade något barn ibland med sig sin assistent till fritids och fler ögon fanns. Barnen fick leka i bäcken om en av oss vuxna fanns med. Det var nu fullt på fritids. Treorna rymdes inte där och hade en helt annan energi än de små barnen. Vi fick hålla till i ett klassrum och vi turades om att vara där med dem. Det var inte en bra situation att vara kvar i klassrummet och att vi släpade med oss material dit. Senare fick vi vara i lerhuset och då blev det plats att duka upp mellanmål och att skapa, spela spel mm. Som tur var ville barnen också ofta vara utomhus. Kollegiet beslutade att bara ge platser till klass 4 efter att alla yngre barn fått sina. Våren 2003 var behovet av ytterligare personal akut.

Till höstterminen fick ett barn sin assistent med sig till oss. Men vi behövde en fast medarbetare till och ansökte om en 50% medarbetare. Det avslogs.

Vi fick senare åka på en fortbildningsdag för fritidspedagoger. Vi fick där ta del av de kvalitetsnormer man skulle sträva efter för att få kallas "waldorffritidshem", enligt Riksföreningen för waldorfpedagogiska fritidshem. Förutom utbildningskravskrav fanns t. ex att barnen skulle få uppleva att en vuxen alltid finns i närheten och kunde ge stöd och omsorg när barnet behövde. Det rekommenderades därför en personaltäthet på 10 till 12 barn per vuxen i barngruppen. En planeringstid på 5 timmar i veckan skulle ingå för alla anställda. Alla skulle även ha tid att delta i kollegiemöten. Det var ju en utopi för oss.

Under denna tiden var jag halvtidsarbetslös. Vi hade en hel del med kanslisten Git att göra. Hon tog ju hand om alla ansökningar till fritids mm. Då skolan växte gjorde hennes arbetsbörda det också. Jag ville gärna arbeta fler timmar. Jag hade under mina arbetsfria förmiddagar, våren 2001 fortbildat mig genom vuxenskolan ett par timmar i veckan på arbetsförmedlingens initiativ. Det var en gymnasiekurs i Organisation och ledarskap med bl.a. inriktning på organisation, ledarskap, arbetsrätt och arbetsmiljö. Under våren -02 utökades min tjänst tillfälligt med 4 tim i veckan (timlön) under tre månader, för att arbeta på kansliet och med personaladministration. Jag var även med i personalgruppen som mandatuppgift just då. Git och jag arbetade mycket bra tillsammans. Personalgruppens handlingar hade fram tills nu förvarats i en pärm som en av gruppens medlemmar bar med sig i sin väska. Det fanns så mycket att ordna.

Jag tog under dessa månader initiativ till att organisera personalpärmar som nu skulle förvaras i kansliets låsta skåp. Vi var tre som hade mandat att sköta personalfrågor. Vi samlades regelbundet och jag berättade vad jag skulle kunna bidra med. Jag hade ju tid. Förutom det som gruppen brukade syssla med tog jag på mig att utarbeta ett förslag som kunde användas som underlag vid utvecklingssamtalen. Jag åtog mig att göra dem och därefter redovisa för kollegiet vilka behov av fortbildning som kommit fram. Jag gjorde även enkät om arbetsmiljön på skolan. Jag trivdes med min uppgift. Under sommaren utökades tjänsten för personaladministration till 25%. Git hade då tagit tjänstledigt och hennes vikarie fick den uppgiften jag hade haft. Jag var inte heller med i personalgruppen som nu utökades.

I augusti anställs mig ovetande en kvinna på 10 tim/v till fritids. Hon hade ingen erfarenhet av pedagogiskt arbete. Hon hade själv hört av sig till skolan utan att det fanns någon tjänst att söka. Det var anställningsstopp på alla fasta tjänster sedan i mars pga. svag ekonomi. Hon skulle nu få arbetsträna på fritids och F. kassan bidrog med större delen av lönen. Om hon orkade med arbetet skulle det senare leda till fortsatt anställning. Skolans styrelse gav alltså en utomstående utan anknytning till skolan den arbetsträning som Stefan hade rätt till. Hon fick dessutom senare en tjänst. På fritids var det nu tre anställda som saknade pedagogisk utbildning. Några gemensamma samtal om innehållet i verksamheten förekom inte. Jag kände mig udda och min kollega hade nu ett helt annat bemötande mot mig än förut. Samma splittring som rådde på skolan bland de waldorfutbildade lärarna och de som var ointresserade fanns nu även här. Den faran hade vi förebyggt på Fridhem där vi bekostade och uppmuntrade till waldorfutbildning på alla sätt, trots att det starkt påverkade våra löner. Det pedagogiska samtalet och de gemensamma kollegiemötena hade där lagt en stadig grund från början.

Under hösten kallas vi till MBL-förhandlingar för att göra om alla tjänster på fritids till uppehållstjänster då det var få barn där på de långa skolloven. Min kollega säger då genast upp sig med en veckas varsel, till den 1/10. kollegiet och styrelsen bla. hennes ex.man vill då "gå henne till mötes". Man fattar nu ett nytt beslut att hon skall behålla sin tjänst oförändrad. Hon hade numera fått tid att delta på skolans kollegium och skapat kontakter och förståelse för sin syn på saker. Jag hade inte den möjligheten...... Någon kollegial solidaritet med min arbetssituation fanns inte. De två andra hade timtjänster. På samma möte avslås vår begäran om ytterligare en 50% tjänst på fritids. Vi har nu ett 50-tal barn i åldrarna 6 till 12 år. Man beslutar även att det pedagogiska ansvaret på fritids ligger på skolans kollegium. När jag nu skriver detta undrar jag hur man tänkte.

Den 2 oktober börjar Stefan arbetsträna på fritids två timmar om dagen. Han tar hand om barnen utomhus. Det är en stor hjälp och barnen är glada och känner honom. Han skall först arbeta en månad för att pröva om det passar honom. Om det går bra ska det kunna bli en halvtidstjänst. Beslutet är framförhandlat och alla medarbetare, utom jag, har blivit informerade på ett möte med personalgruppen. Fick senare läsa i protokollet att mina kollegor då uttryckt att det var olämpligt att vi som var gifta arbetade på samma ställe. Styrelsen uttryckte detsamma. Dock utan att säga varför. Ett sådant beslut är både diskriminerande och arbetsrättsligt fel, enligt Facket. Den samstämmighet och den gemensamma synen på barn och pedagogik som burit oss på Fridhem under pionjärtiden var ju en tillgång. Det var nog där skon klämde. Eftersom styrelsen nyligen hade avslagit fritids begäran om en fritidstjänst skulle det innebära att någon av de timanställda skulle få sluta om Stefan skulle arbeta kvar. Vilket de nu blivit informerade om.

Nu hade personalgruppen bäddat för att skapa en dålig arbetsmiljö. En plan för ett seriösare bemötande och återkommande samtal med oss alla och stödsamtal med Stefan enskilt, för att förebygga detta fanns, men inget blev av. Den enda förberedande åtgärden var ett telefonsamtal till alla anställda. Ett förslag kom dock från förtroenderådet att de andra medarbetarna skulle föra dagbok över arbetsdagarna och hur det gick. Ett upplägg som påminde om öststaternas metoder att hålla reda på folk. Vad skulle det leda till? Det föll på sin orimlighet. Jag trivdes inte. En kuslig stämning hade nu byggts upp. Allt det som skapar ett dåligt arbetsklimat förekom. En av de timanställda började dra in barn i samtal om risken att hon skulle få sluta om Stefan var kvar. Han valde då att avbryta sin arbetsträning för barnens skull.

Den dåliga stämningen som nu rådde ledde tyvärr till att en kultur hade skapats. Mina arbetskamrater skötte sitt arbete mer som en sluten klubb där jag inte var medlem. Jag vill inte gå in på detaljer. En dag kände jag att det skulle vara“farligt“ att vara kvar. Jag trivdes med barnen men jag hade ingen att tala med, ingen jag litade på. Att jag anställts för att styra upp verksamheten var nu ett minne blott. Det hade verkligen behövts en utbildad föreståndare nu. Jag uthärdade situationen tack vare min yrkeserfarenhet och min ålder. Jag började leta efter ett annat arbete. Fridhems Barnträdgård hade behov av kanslist och vikarie. Min ansökan om tjänstledighet under vårterminen 2004 för att prova annan tjänst beviljades. Till hösten blev en förskollärartjänst ledig och jag kunde säga upp mig från fritids. Jag var "hemma igen". Min kollega erbjöds en fritidsledarutbildning så skolan kunde uppfylla kommunens kvalitetskrav. Hon tackar då nej till detta och väljer att säga upp sig.

Man skulle kunna tro av det personliga inslaget i de här berättelserna, att vi var de enda i kollegiet som fått svårigheter på Sophiaskolan. Många fler medarbetare skulle kunna skriva sin berättelse. Man kanske till och med upplevt en annan sida av det vi berättat. Svårigheterna har med stor sannolikhet berott på orsaker som beskrivs nedan. Gemensamt hade vi i alla fall alla lagt åtminstone en fysisk grund till en framtida Sophiakultur. Alla vi som varit med lär träffas igen och får chansen att reparera vår gemensamma karma. Vi är glada att mångas gemensamma uppoffringar för waldorfpedagogiken och skolan inte har varit förgäves.

Närvarande i den andliga världen bakom våra initiativ finns: Karin och Holger Modin, Karl-Gustav Berglund, Anne och Sverker Widmark, Marianne och Kurre Mellquist, Elisabeth Ahlberg, Hans Möller, Hester Renouf, Ragnhild Norbäck, Larry Jones, Herje Granberg, Mikael von Gersdorff, Elisabeth Sjöborg, Reintraut och Nils Andersson, Owe Lemke, Marie Louise Koch. Tack.

Stefans efterord

Jag har försökt dela upp skolans historia i 7-års perioder för att kunna förstå vad som hänt, vad som finns som lagbundenheter i en skolas liv. Detta används ofta i antroposofiska konsultsammanhang. Holländarna med den antroposofiske läkaren Bernard Lievegood i spetsen på statliga NPI har utvecklat teorier om organisationers utveckling, som använts i många storföretag. Jag mötte dessa tankar redan på Stockholms universitet, då jag läste företagsekonomi. De har med grundläggande begrepp inom antroposofin att göra. De har med världsutvecklingens sju stadier, kulturepoker att göra, liksom med de sju planeternas kvaliteter, och waldorfpedagogikens 7-års indelning. För förståelsen av klass fems period om kulturepokerna och för förståelse för människans väsensled. Det finns lagbundna rytmer att bli medveten om.

Jag har försökt förmedla vad jag såg i skolans utvecklingsfaser under det tidsavsnitt jag var verksam. Därefter har jag ytterst lite information.

Så här har det varit särskilt i många idéella sammanhang, när något nytt vill komma fram. Alla utsätts för press, både föräldrar och lärare. Att konflikter uppstår i en Waldorfskola med initiativrika människor är en självklarhet, ibland rent av en positiv drivkraft. Barnens krav, föräldrars oro och krav, skolmyndigheters krav, ändamålsparagrafens krav från människokunskapen i waldorfpedagogiken, utveckling av pedagogiken, nya outbildade lärares krav på internutbildning, alla skall ha sina rättmättiga krav tillgodosedda, allt i en stor smältdegel.

Våra svagheter och brister blir mer synliga när initiativ till förändring och nyskapande tas. När vi vågar ge oss ut på en gungfly och ta risker. Intensiva människomöten kan dock ge upphov till utveckling. Denna ansträngning är det som ger en skola en hjärtepuls i det långa loppet, när mycket blivit synligt och rättats till. Det är inte bara barnen som går i skolan här. Det är särskilt viktigt i en skola som bär namnet Sophia, där just rening, luttring av våra själsbrister är själva temat och skolans grund. Många av oss har fått lära sig ett och annat både om oss själva och om andra. Vi har en lång väg att vandra och måste ödmjuka oss inför det.

*Man kan se konflikter som möjligheter till liv. När någonting är dött finns inga konflikter, ingen utveckling, ingen framtid. En planta är beroende av hur den sått*s *och hur den sedan vårdas.*

När jag slutade på Sophiaskolan hade jag varit inne i och i början av tre 7-års perioder. Jag såg nedanstående brister som jag själv bidragit till eller inte kunde förhindra.

1. *I den första pionjär- eller faraoperioden fanns ingen tillräckligt djup förståelse eller vördnad för namnet Sophias verkliga själsligt/andliga innebörd. Möjligheten till hjälp via* ***lärarnas inre själsskolning och meditation utnyttjades inte.***

2. *I den andra organisationsfasen, var* ***lyssnandet, samtalskulturen i kollegiet inte tillräckligt djup****. Kotterier i korridorerna, maktpolitik påverkade starkt besluten. Man hade inte vilja eller förmåga att höja sig över detta genom tålmodigt lyssnande. Avsaknad av äkta demokrati och förankring hos alla blev följden.*

3. *Bristerna i de två första 7-årsperioderna tillsammans gjorde att man inte kunde lösgöra sig från traditionell skoltradition vad gälller organisation och ekonomi. Detta hindrade kreativt nytänkande. Läkepedagogik, läkeeurytmi, eurytmi och andra waldorfpedagogiska särdrag tex fick ingen plats att utvecklas.* ***Annan pedagogik, egna privata intressen och misstro mot waldorfpedagogiken smög sig in i organisationen.*** *Skolan riskerade alltmer att bli en traditionell grundskola med ytlig waldorfförpackning.*

4. *När administration och ekonomi inte stod i samklang med kollegiets "hjärtepuls"* ***uppstår kyla i skolans organism****, i dess blodomlopp. Syreupptagningen minskar. Djuplyssnande samtal och egen själsskolning sätter fart på syret liksom som vid fysisk konditionsträning. Skolans organism blir tregrenad precis som människan. Huvud, hjärta*

och bål, med armar och ben. (se Harrie Salmans bok: "Den sociala Världen som Mysteriecentrum".)

5. *Kort sammanfattat: Vördnad för namnet Sophia, den egna uppgiften och dess högre innebörd och att hålla "sitt egna" tillbaka, att lyssna, skapar ett frihetsrum. I detta rum kan medvetenhet uppstå som ger mod och kraft till att succesivt försöka förändra gamla mönster.*

Det är detta jag menar konkret med att arbeta andligt samt det egna inre arbetet på sig själv. Att lyssna och se vad som sägs och hörs bakom företeelser, att lyfta sig mot sitt högre jag. Till slut öppnar sig den andliga världen och man får oväntad hjälp. Ju närmare man på det sättet medvetet övar sig fram till Sophia ju närmare kommer man sitt sanna jag. Det får ringar på vattnet.

Ett hus är beroende på hur det grundlagts, byggts upp och hur det senare repareras.

Erfarenheter i studiegrupper och i andra sammanhang i Baskemölla

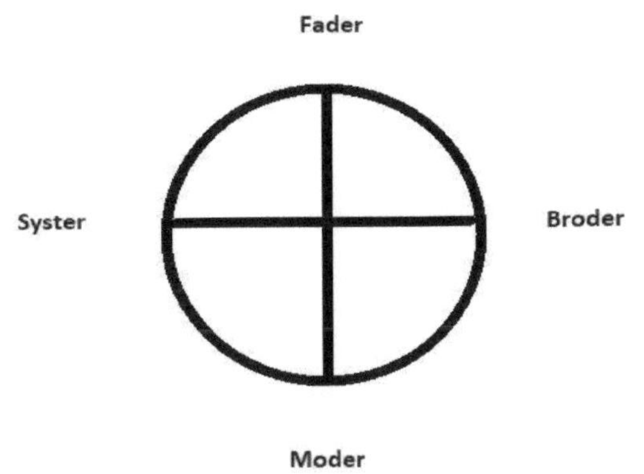

Vördnadens kors

Hur lever den faderliga och den moderliga impulsen i vår vardag på äldre dagar, har vi fått systrar och bröder. Hur fortsätter vår Sophiaimpuls. Har vi utvecklat lyssnandets kultur, intresset för den "andre"? Har vi kunnat följa våra röda trådar? Utvecklas någon ytterligare "Sophiakultur" här på Österlen?

På den senare frågan är svaret glädjande nog ja, i ett försiktigt trevande bland oss äldre som i olika sammanhang varit knutna till antroposofi, waldorfpedagogik, läkepedagogik. Vi är en"pool" på 20-25 mest äldre antroposofer som träffas i olika sammanhang utan fast lokal, ständigt på jakt efter att ha någonstans att vara.

Här sitter några av oss, sex av oss har arbetat på Sophiaskolan

Inte bara på Österlen utvecklas lyssnandets kultur. Hela den antroposofiska rörelsen verkar ha fått början till en nytändning just genom att man lagom till 100-års jubiléet av det antroposofiska Julmötet 1923-1924 alltmer har börjat förstå konsekvenserna av en tidigare ensidighet. En alltför intellektuell tolkning av Rudolf Steiners skrifter, vilket han varnade för. Valentin Tomberg, Yesajah Ben Aharon och Robert Powell bland andra har försökt korrigera denna ensidighet genom att föra den mer genom hjärtat och konstnärligt ut i viljan.

Förändringen har haft med lyssnandets konst att göra. Med den nyvakna sociala samtalsformen mellan så kallade aristoteliker och platoniker. Mellan intelektuella "huvudmänniskor" och "hjärtestyrda praktiker" som behöver komplettera varandra." (se mer om detta i Harrie Salmans bok " Den sociala världen som mysteriecentrum" som jag översatt.)

Efter pensioneringen åkte Eva o jag till Växjö, eftersom Högskolan för Antroposofi i Rörum lagts ner för länge sedan. Något annat antroposofiskt liv fanns inte här, vad vi kände till.

Vi åkte några gånger till "Art and Event", en sommarkurs, med Hester Renouf, Alexandra Ivan och Yeshayahu Ben Aharon på Orusts Waldorfskola. Genom den träffade vi Birgitte Gunge Hansen och Niels Ole Damsager Hansen som bott i Baskemölla Ekoby i sju år.

Birgitte hade varit verksam i lekskolevärlden och som lärare på waldorfseminariet i Kungälv inom det konstnärliga. Niels Ole hade varit med och byggt upp Mikaelskolan i Köpenhamn från grunden. De hade bott på en biodynamisk gård och verkat i Köpenhamnsgruppen med studier, konstnärligt arbete och meditation.

Tillsammans började vi trevande med "eventövningar" inspirerade från Orust. Dessa går kortfattat ut på att tex ur enkla vardagshändelser, så kallade event, försöka se tanke- känslo- eller handlingsmönster hos oss själva som vi kanske skulle vilja ändra på. Att öva sig lyssna på den andre. Att se sig själv utifrån. Att med vårt välvilliga lyssnande få den andre att upptäcka sig själv. (se utförligare beskrivning längre fram)

Till denna grupp anslöt sig fler och fler så småningom, utan att tänka så mycket på det, arbetade vi tillsammans med Sophiamotiv. Själsutveckling genom självmedvetenhet".

Några av oss åkte till Köpenhamn på biografiseminarium med Hester Renouf och vi ordnade ett seminarium med henne på Baskemölla Barnstuga. Även här var det fråga om att se sig själv utifrån. Hester bad oss arrangera ett "Art and Event" med Yeshayahu på Sophiaskolan då Orust inte längre var tillgängligt. Vi ordnade övernattningar i Skräddarödby och Ekobyn bl.a för ca 25 anmälda. Vi fick efter åtskilliga samtal lov att vara i Sophiaskolans lokaler en vecka i juli 2014. Det blev väldigt lyckat, trots att Yeshayahu fick förhinder.

Några deltagare beslöt sig snart för att flytta hit till Baskemölla Ekoby, Helle Fredriksen och Lena Forsberg. De och Lisa Nyström hade stor betydelse för att den nya avknoppningen av Ekobyn, Baskedal, kom till. Eva och jag byggde 2016 själva ett litet hus här under kompetent handledarskap, Finn Thorsen och bygghjälp bl.a av våra söner. Birgitte o Niels Ole hade också byggt sitt hus "själva" här 7 år tidigare och förberett platsen.

Vi gick med i Yeshayahus "Global School for Spiritual Science, Philosophy and Anthroposophy" där Birgitte varit med i flera år. Här mötte vi i Göteborg ett modernt sätt att närma sig antropposofin, som var mer levande och aktuellt än vi mött tidigare. Inslaget av lyssnande samtal i grupper och övandet var stort.

Detta inspirerade våra möten i vår studiegrupp som träffades först hemma hos Nils Ole och Birgitte. Senare i LisaNyströms hus och som då avslutades med knytlunch under ett par år. Sedan samlades vi på Mudita och satt i våra nyinköpta stolar som vi transporterade dit i skottkärra eller med bil. Numera är vi i Vuxenskolans lokaler. Redan från början var gruppen förbunden med Vidar med fokus på lyssnande och lyss-nande övningar. Den var också inspirerad av Niels Oles och Birgittes erfarenheter från en grupp i Köpenhamn som pågått i flera år. Gruppen växte och har haft mellan 10 och 17 deltagare.

Studiet har inletts med att Birgitte grundat oss, förbundit oss mellan himmel och jord och även förbundit våra hjärtestrålar till en imaginär skål att lägga något i samt inbjudit goda väsen att andligen delta. Efteråt har hon tackat.

Vi har alla förberett oss hemma och var och en som velat yttra sig, fråga något, har gjort det utan att bli avbruten tills allt som vi haft med oss hemifrån liksom fanns i rummet, legat i skålen. Sedan följer ett friare samtal om det som kommit fram. Det är samtidigt en övning att hålla sin diskussionslusta, sina associationer något tillbaka, att hinna smälta och djupare ta in vad andra sagt, liksom"somna in" i vad som sagts. Harrie Salman beskriver nedan kursivt denna samtalsform, som har sin grund i Goethes "det arketypiska fenomenet i den sociala vetenskapen":

Detta innebär att öva två förmågor: att frigöra ett utrymme så att den andre kan tala ostört samt förmågan att hålla kvar vad den andre har sagt. I verkligheten är detta mycket svårt, eftersom många inte har förmågan att lyssna och andra inte kan sluta prata. När vi lyssnar kan vi "somna in" så djupt att vi inte kommer ihåg någonting när vi "vaknar upp". Ofta går samtalet inte från hjärta till hjärta utan från huvud till huvud, då ingen "somnar in". Vi kan också tala till den andres känslor eller viljeliv. Det finns också många situationer då vi inte förstår varandra och inget egentligt möte har ägt rum. Det arketypiska fenomenet i det sociala livet leder bara till detta möte när vi medvetet kan följa pendelrörelsen mellan att "somna in och vakna upp" och finner vägen till den andres hjärta. Vi måste utveckla själsförmågor som tex att ha ett starkt intresse, att verkligen lyssna, vara närvarande, objektiva och ha förmågor att förstå den andre "från insidan". Dessa förmågor är mycket svårare att behärska i gruppsamtal och kräver övning. (Längre fram finns ett föredrag av Valentin Tomberg som beskriver denna viktiga process.)

Ur denna grupp kom snart önskemål om att arbeta med Rudolf Steiners Högskola för Antroposofi, de så kallade klasstimmarna. Vi frågade Hester Renouf om hon ville leda oss. Vi träffades på Baskemölla Barnstuga, sedan på Willies hus och på Mudita och gick med henne igenom alla 19 timmarna under fem år, de 6 första klasstimmarna gjorde vi sedan själva ytterligare en gång, när Hesters ålder hindrade henne att komma.

Dessa sex behandlar särskilt Sophia temat med själens rening, självkännedom om våra ofta dolda tendenser att lyda våra lägre impulser. Att istället medvetet ta kommandot och bli herre i våra egna huvuden, i våra egna bröst och över våra handlingar. Samma tema som i de tidigare nämnda "eventövningarna"

Ett annat tema, har på Lena Forsbergs initiativ och i hennes hem, varit arbetet med Rudolf Steiners sex bredvidövningar. Lena var som första lärare med och startade Mariaskolan i Järna. Vi har där fått regelbundna besök av Anton Kimfler, författare och filosof. Till hans föredrag har även intresserade från Malmö och Lund kommit och kvällen av-slutats med knytfika. Dessutom har vi följt årets skiftningar med Steiners veckospråk och månadernas kvalitativa innehåll i Zodiaken. Vi har följt Christhild Ritters Månadens Dygder, Falkbladets olika beskriv-ningar av stjärnhimlens och planeternas innebörd. Vi har frågat oss hur vi själva uppfattar oss som tex Lejon även om vi egentligen är Oxe osv. Allt för att få självkännedom om **i** vilken grad de tolv olika stjärnkonstellationerna och de sju olika planetaspekterna finns i var och en av oss. Lena har översatt Harriet Kochs bok "Årets tolv invigningar" som vi följt.

De sex bredvidövningarna har liksom "eventövningarna" fått oss att betrakta oss själva som om vi stod utanför oss själva och såg på en annan person. Självkännedom.

En grupp arbetade under Anna Wahlströms ledning med grunderna för biodynamisk odling. Vi träffades på Willies hus eller på Mudita. Anna är med i Biodynamiska Föreningens styrelse och varit verksam i Dornach i många år. Vi lärde oss hur de 7 planetkvaliteterna samverkar och sätts i balans i en kompost, så att faderliga översoliga krafter fås att samverka med moderliga undersoliga krafter. Hur allt bringas i balans i ett rytmiskt flöde. Cecilia Norell visade varje gång eurytmiskt hur detta flöde verkade.

Dessa teman, tillsammans med tidigare biografiarbete och körsång med Ingvar Wikander i familjens hus i Ekobyn, har haft stor betydelse för oss alla, många av oss runt 65–80, men alltfler ungdomar i 50–60 års åldern har kommit till under de senare åren. Vi har även haft eurytmi med Celest Geronimo, eurytmist på Sophiaskolan. Marianne Wikander ledde oss i musikaliska röresleimprovisationer till cello hemma hos Lisa Nyström.

Kanske har den djupare insikten i hur man i gemenskap i en studiegrupp, barngrupp, kollegium, klass och skola kan leva tillsammans i det rytmiska, varit det viktigaste och att detta är grunden för det sociala. Kombinerat med morgonspråk, dagsspråk, veckospråk, månadstexter och högtider och fester. Kan man förbinda det med ett medvetet djuplyssnande, kan man kanske i framtiden få balans mellan sin högra och vänstra hjärnhalva; mellan huvud och hjärta; mellan IQ och EQ; mellan det faderliga och det moderliga; mellan ovan och nedan; mellan det systerliga och det broderliga.

Det rytmiska har betonats av eurytmin. Vi har under de senaste två och ett halvt åren haft den stora förmånen att få utöva choreocosmos eurytmi och sakral eurytmi i Muditas yogalokal här i Ekobyn. Detta tillsammans med talgestaltaren och Bothmergymnasten Per Linden Thell och eurytmisten Maria Linden Thell, ibland med Cecilia Norell, vilka alla nu bor här i Baskemölla. I stort sett varje vecka har vi fått röra oss, följa med i planeternas rörelser i samklang med de olika stjärntecknens rörelser, till utvald musik. Vi har insett hur ofantligt komplicerat och mångfaldigt vårt universum är och att vi är ett med detta rörliga hela. Helheten har också förstärkts av vårt eurytmiska övande med Grundstensmeditationen som Rudolf Steiner gav för 100 år sedan.

Denna eurytmi har liksom bundit samman alla våra övriga övningar och studier till en helhet. Bundit samman oss även socialt och fått "hela oss" att bildmässigt uppfatta glimtar av oändlighet sammanfattat i en punkt: Här och nu.

Några av oss har kunnat pröva på Bothmergymnastik i Ecotopias lokaler med Per och fått erfara hur denna och eurytmin kompletterar varandra. Två socialt främjande rörelseövningar. Medeltida julspel från österikiska Oberufer, som varit tradition i Waldorfpedagogiken sedan dess start har satts upp i kyrkor och kapell i trakten av Per och Maria.

Inför 100-års jubiléet av Julmötet 1924 har vi under hösten övat Rudolf Steiners "Grundstensmeditation" eurytmiskt. Maria och Per har gjort ett häfte med alla rörelserna så att vi kan öva hemma.

Vi har fått möjlighet att delta i den Sophia inspirerade Choreocosmos verksamhet, ledd av Maria, Per och Cecilia även under 4-dagars helg-retreats och workshops runt om på Österlen. I Kiviks församlingshem, i Willies Hus i Baskemölla hamn, i Kiviks kapell och Ecotopias stora sal. Inger Lise Oelrich har haft workshops med storytelling och sociala övningar, föredrag om AI. Nigel Wells, som driver Virbela Ateljé i Ytterjärna som formger och tillverkar Flowforms, har haft workshop i Willies hus. Eva Söderholm har haft biografimålnings kurs. Vi har fått träffa människor från hela Sverige, Norden och Nordeuropa.

Maria och Per har tagit hit internationella och nordiska "kändisar" som Harrie Salman, Jeremy Naydler; Are Thoresen, Rebecka Vik, Nigel Wells och Robert Powell och detta har gjort stort intryck på oss.

Det känns som att en röd tråd har löpt genom alla åren med start 1988 med det Moderliga och Faderliga som utgångspunkt. Sophias inflytande och medverkan har fått en allt större bredd och djup.

****

För den som vill har vi lagt till en litteraturlista om Sophia och en "mall" för övning av självkännedom samt ett föredrag av Valentin Tomberg i samma anda.

Att öva lyssnande till sig själv och andra. Att se sig själv utifrån. En Eventövning.

Flera av oss har beklagat att vi inte kände till denna metod när vi var yrkesverksamma, både som kontinuerlig socialträning och för situationer med elever eller kollegor som "skaver", som man ofta har så svårt att klara av i sin ensamhet innan man somnar.

Målet med övningarna är att den som berättar om en händelse, till att börja med en vardagshändelse, skall lära känna sig själv, att komma åt omedvetna "själslager". Även äldre biografiska händelser går så småningom bra. Det är inte nödvändigt att alltid gå igenom alla nedanstående punkter. Det viktiga är att öva sig att se sig själv utifrån och att lyssna. Så småningom kan det bli en vana och man behöver inte alltid gruppens välvilliga öron och hjälp. Man behöver vara minst tre, helst fyra eller fler.

Åhörare övar sig att hålla sig tillbaka, att aktivt hjälpa till med välmenande positiva tankar utan förutfattade meningar. Att lyssna på djupet. Att tämja eventuella otåliga kritiska impulser från omedvetna skikt. Att skapa ett frihetsrum för den som behöver hjälp. Att inte ha fördomar gäller naturligtvis speciellt den som leder övningen med hjälp av nedanstående punkter. Det är den som berättar som själv skall komma till insikt och eventuellt försöka ändra sina mönster själv. Det är A och O.

1. Berätta fritt om en händelse, ett möte, något som du kanske återkommer till i dina tankar. Det behöver inte vara något stort, bara att det "skaver" inombords.
2. Försök avgränsa berättelsen till en enda händelse, hitta kärnan, det som skaver mest.
3. Försök att skilja på tankar och känslor. Undvik att värdera om det var bra eller dåligt eller att analysera och tolka.

a. Beskriv vad du tänkte då, inte nu.
b. Vilka känslor väcktes i dig?
c. Vad gjorde du då, hur reagerade du, hur förhöll du dig till det som hänt.?

4. Se tillbaka på det som du berättat.
   a. Se på dina tankar, de föreställningar du gjorde dig. Är de typiska för dig, tankevanor eller mönster?
   b. Har du känt så här förr? Känner du igen något mönster i ditt liv vad gäller känslor?
   c. Har du reagerat så här tidigare, på liknande sätt? Är det typiskt för dig, ett handlings- eller viljemönster?
5. Kan du sammanfatta vad som är typiskt för ditt/dina mönster i den här händelsen?
6. Om du skalar av, bortser för det som är "ditt", det du själv "lagt till" med dina tankar och känslor. Vad finns kvar? Vad hände egentligen? Vad är den objektiva händelsen. Hur tror du någon annan skulle beskrivit händelsen?
7. Har du upptäckt något om dig själv? Lärt dig något? Kan du beskriva detta med hänsyn till tankemönster, känslomönster och vilje-reaktionsmönster?
8. Det är ingen slump att vi råkar ut för sådana här händelser, särskilt om de återkommer. Kan du se meningen med att "ödet" ställt dig inför den här situationen?
9. Om du har nya insikter om dig själv, är det något du vill ändra på och i så fall hur?

Övningarna är starkt socialt sammansvetsande.

Att skriva våra personliga berättelser ovan, har varit som en utvidgad eventövning för oss båda. Eventet har varit vår biografi på Fridhems Barnträdgård och Sophiaskolan och dess fritids. Det har inte varit lätt att skriva, men genom detta har vi fått lite mer syn på oss själva och inte skrivit allt som dykt upp i våra tankar och känslor och som inte hör hit.

Kollegiearbetets, gruppsamtalets, rådslagets inre struktur

Här följer text från 1938 efter ett föredrag i Rotterdam skriven av Valentin Tomberg, som sammanfattar vad Rudolf Steiner eftersträvade i antroposofiska initiativ:

........Men att mötas i ett rådslag är mer än att bara summera ihop vad enskilda medlemmar vet. Ett rådslag är inte bara ett sammanfattande av det redan kända. Det är tvärtom en faktisk kunskapsprocess som gör det möjligt för helt nya rön och idéer att se dagens ljus. Och detta "dagsklara ljus" uppstår i mitten av en krets som de involverade människorna måste bilda. Om de bildar en krets på andlig-moralisk grund, dvs i en anda av ömsesidig hjälp, så framträder en mittpunkt i kretsen – som solen i djurkretsen. Medelpunkten, som kan beskådas från alla sidor, börjar stråla och ge liv. Även här framträder något mellan och över individerna vilket går bortom var och en av dem, gruppens andliga väsen blir märkbart.

Detta framträdande av en grupps andliga väsen var även orsaken till att Rudolf Steiner gav namn till grupper. Det gjordes för att uttrycka en grupps förbindelse med ett andligt väsen.

I detta namngivande, som alltid var en mycket högtidlig tilldragelse och utfördes med stor ceremoni, var det inte frågan om att bara förse en grupp med en beteckning eller en titel; det avgörande var att en grupp känner igen och söker sitt högre jag.

En grupps namn hänvisade samtidigt på dess esoteriska uppgift, i det att det visade på ett "jag ibland dem" till vilket ett medvetet förhållande skulle uppnås genom gruppens arbete. Ty här var det inte frågan om medlemmarnas inbördes individuella karmiska relationer utan om den gemensamma strävan att vara tillsammans i gruppens arbete. Dessa namn – Lukas-gruppen, Benedictusgruppen, Christian Rosenkreutz gruppen osv - var således varken etiketter eller yttringar av deltagarnas speciella sympatier utan snarare uttryck för uppgiften att förena sig med en bestämd inspirationskälla.

När människor har bildat en krets ur ett ärligt fritt och seriöst sinnelag förenas de också verkligen med en bestämd inspirationskälla. Där en sådan krets finns uppstår även en lysande mittpunkt. Men hur bildas en sådan krets och vad har den för mänsklig, moralisk betydelse?

När ett antal fria individer möts över en uppgift som innebär dryftandet av kunskapsfrågor är det bara naturligt att synpunkterna kan vara tämligen olika. Dessa olika, ofta motstridiga synpunkter erbjuder just de element som måste sammanbindas för att bilda kretsen – en krets byggd inte på personliga sympatier utan på en andlig grund.
Till en början utgör emellertid dessa individuella synpunkter knappast något sammanbindande, förenande element. De har tvärtemot först en separerande verkan. Och ändå är uppgiften att få de olika synpunkterna att tillsammans alstra en förenande substans så att en krets uppstår. För att uppnå detta kan vi försöka sammanföra de olika synpunkterna på tankens nivå.

Men resultatet, om vi är fullkomligt ärliga, kommer då oundvikligen att vara helt igenom otillfredsställande. Det kommer att visa sig att synpunkterna då kanske kan kombineras, men inte sammanbindas i en verklig enhet.

Detta beror på att det alltid finns en avgrund, ett tomrum, mellan individuella synpunkter. Såsom ett pralayatillstånd inträder mellan gam-

la saturnustillståndet och gamla soltillståndet så inträder på liknande sätt ett slags "tankepralaya" mellan två individuella synpunkter. För att överbrygga dessa avgrunder måste vi undvika fällan att försöka skapa en förbindelse på samma nivå, dvs i tankelivet.

För att skapa denna förbindelse måste vi faktiskt nedstiga från huvudet, från tankens nivå, och dyka ner i hjärtat för att så åter uppstiga till tankens nivå - i den andres huvud. Bara så lär man sig att förstå den andre.

När människor konfronterar varandra med huvudet kan man egentligen inte förstå varandra. Men man förstår den andre när man träder in i hans tankevärld genom hjärtat. Och när man på så vis har förstått den andres tankevärld ser man också vad som är sant och berättigat i den andres synpunkter. Då finner man även de felande länkar som förbinder de olika synpunkterna.

Den inre verksamheten vid bildandet av en krets är således inte en ytrörelse som denna:

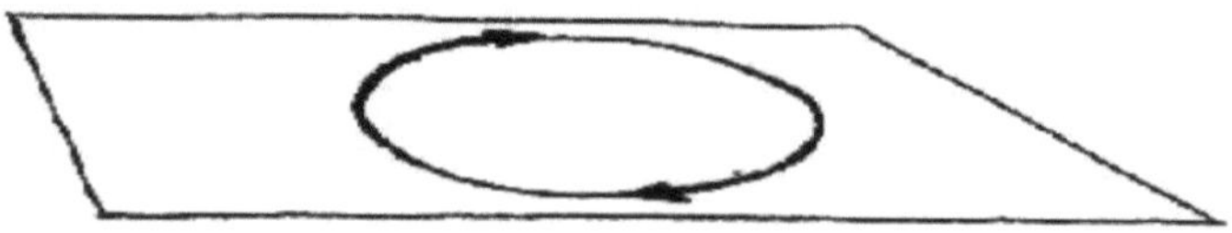

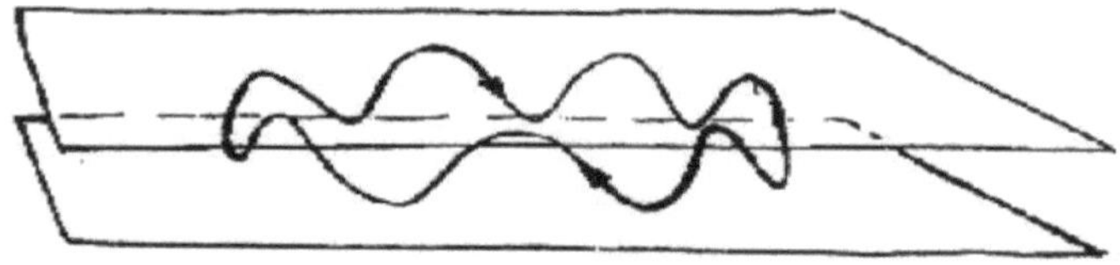

utan en rytmisk, vågliknande rörelse som uppstår mellan huvudets och hjärtats nivåer.

Det är denna typ av inre verksamhet som bildar en krets av en grupp människor som, förenade genom hjärtat, strävar efter kunskap. Människorna i fråga har då inte bara iakttagit varandra utan i sitt inre räckt varandra handen.

Och när en grupp människor på detta vis sträckt ut sig till varandra bildas kretsen. Då uppstår den lysande mittpunkten - och en fri antroposofisk grupp har blivit till, med ett namn som även gäller i den andliga världen. Gruppens arbete kommer då att bli sådant att den försätter sig i en vertikal relation till den högre världen. Därmed står den i sann mening "i samklang med Julmötet 1923"

Sådana grupper är den antroposofiska rörelsens ryggrad såväl som dess hopp om fortbestånd inte bara av de antroposofiska kunskapsskatterna utan - dessutom – av levande antroposofiska impulser. Och när enskilda grupper av detta slag finner objektiva, mänskliga beröringspunkter med varandra på saklig grund skyddas de inte bara mot den "andliga provinsialismens" faror utan kan också förenas i ett andligt-moraliskt sällskap som inte bara existerar för sin egen skull. Att befrämja ett sådant sällskap vore en av de värdigaste uppgifterna för denna lilla tidskrift, eftersom det vore att odla det som mest av allt behövs i den antroposofiska rörelsens nuvarande situation.
Valentin Tomberg

*****

Något om Moder Jord och Sophia

Sophia nämns redan i Gamla Testamentet och har under den egyptiska kulturepoken kallats Isis. Rudolf Steiner skriver i en dikt 1920 som visar Sophias samband med Moder Jord:

Isis- Sofia,
Guds Vishet,
Henne har Lucifer dräpt
och på världskrafters vingar
burit ut henne i rummets vidder.
Kristusviljan I människan verkande

den skall från Lucifer slita,

och på antroposofins farkost

I människosjälen återuppväcka,

Isis-Sophia

Guds vishet.

Detta innefattar alltså Bibelns bildspråk om syndafallet och ett återupprättande, återuppstigande från detta fall förväntas av mänskligheten genom att gå igenom det materiella, det jordiska och på så sätt uppnå frihet, självständighet. Isis, Sophia, Demeter, Gaya eller i vår tid även benämnd Moder Jord väntar på att bli ihågkomna och återupprättade. Den Moderliga aspekten i förening med den Faderliga. En annan bild av detta är berättelsen om Demeter och Persefone i den grekiska mytologin. Andra bilder och namn: Tao i Kina, Radha ocn Kali i Indien och Tara i Buddismen.

Moder vår

Moder vår, du som är i jordens hjärta

må minnet av ditt namns helighet framstråla

må ditt rikes uppvaknandes andedräkt

värma alla hemlösa vandrares hjärtan

må din viljas uppståndelse beliva den eviga troheten

ända in i kroppsstubstansens djup

Mottag idag det levande minnet av dig

av människohjärtan som bönfaller dig

att förlåta skulden att ha glömt dig

och vilka är redo att kämpa mot världens frestelse,

som fört dig till tillvaron i mörkret.

På det att Sonens gärning må stilla

Faderns omätliga smärta genom alla väsens befriande

från ditt tillbakaträdandes tragik.

Ty hemlandet är ditt och den allt upplåtande storheten,

och den allt benådande försynen för allt och alla i alltets krets.

Bön av Valentin Tomberg,(ansedd som Rudolf Steiners efterträdare)

Litteraturlista

Följande tre böcker är särskilt lämpliga för social och enskild Sophia-utveckling. De kan beställas på BoD.se/bookshop

Robert Powell — *Sophia Förkunnelserna, Det Gudomliga Femininas Framträdande i vår Tid*

Harrie Salman — *Den Sociala Världen som Mysteriecentrum*

ValentinTomberg — *Om människans inre utveckling*

Om kollegiearbete:

Zimmermann — *Vilka är förutsättningarna för ett ansvarsfullt arbete i det fria kulturlivet* ?

Om man vill fördjupa sig mer i Sophias väsen:

Robert Powell — *Allra Heligaste TriniSophia*

Harrie Salman — Artikel om Sophia, översatt av Maria Linden Thell. Antroposofiska Sällskapets tidning Forum

Anne Widmark — *Waldorfpedagogik för småbarnsföräldrar.* www.bokhandeln-vidar.se